STUDIA
HUMANITATIS
문명지평

CIVILIZATION AND WAR

STUDIA
HUMANITATIS
문명지평
9

문명과 전쟁

브렛 보든 지음 | 박배형 옮김

서울대학교출판문화원

STUDIA HUMANITATIS
문명지평
9

문명과 전쟁

초판 1쇄 인쇄 2017년 11월 25일
초판 1쇄 발행 2017년 11월 30일

지은이 브렛 보든
옮긴이 박배형
펴낸곳 서울대학교출판문화원
펴낸이 성낙인

출판등록 제15-3호

주소 08826 서울 관악구 관악로 1
대표전화 02-880-5252 | 팩스 02-888-4148
홍보마케팅팀(주문상담) 02-889-4424, 02-880-7995
이메일 snubook@snu.ac.kr
홈페이지 www.snupress.com

ISBN 978-89-521-1964-3 94340
978-89-521-1576-8 (세트)

이 저서는 2007년 정부(교육과학기술부)의 재원으로
한국연구재단의 지원을 받아 수행된 연구임(NRF-2007-361-AL0016).

❁ 저자 서문

문명과 전쟁은 거의 동시에 그리고 거의 같은 장소에서 태어났다. 그렇기에 이 둘의 관계는 흔히 생각하는 것보다 밀접하다. 문명과 전쟁은 실제로 함께 자라났다. 달리 말하면, 이 책이 보여주고자 하는 것처럼, 이 둘은 사실상 동전의 양면과 같다. 이 말은 널리 퍼진 믿음, 즉 더 문명화되면 될수록 우리는 — 차이와 분쟁을 해결하는 방법으로 — 전쟁을 회피하는 경향이 있다는 믿음에 반한다. 사람들은 그런 믿음과 관련된 가정을 하기도 하는데, 전쟁이라는 수단에 호소할 수밖에 없을 경우, 문명화된 사회는 전쟁 규칙들을 좀 더 잘 준수할 거라는 가정이 그것이다. 그러나 이 또한 반드시 그렇지는 않다. 나는 — 전적으로 비문명적인 전쟁행위라 할 수 있는 — 테러리즘이라는 방식에 대한 논쟁을 다루게 될 것인데, 이는 문명들 간의 전쟁 가능성 또는 전쟁으로 향하는 성향에 대한 문제들에 이르게 될 것이다. 이 문제들을 고찰하면서, 나는 불가피하게 윤리적 내지는 문명적 전쟁 수행과 관련된 주제들을 탐구하게 될 것이다. 이 책은 역사와 관념들에 대한 간명하지만 폭넓은 연구를 제시하면서 문명과 전쟁이 갖는 쌍방향적 관계를 규명하고자 한다. 그런 과정에서, 이 책은 또한 다수의 통념적인 지식에 도전하는 시도를 보여줄 것이다.

이 책이 짧긴 하지만, 나는 이것을 마무리하는 데에 상당히 많은 시간을 들여야 했다. 이 책은 내가 호주국립대학교(Australian National University)에 있는 관리 기구 네트워크의 일원이었을 때 시작되었다. 또는 적어도 이 책의 구상은 그때 시작되었다고 할 수 있겠는데, 나는 당시 진행되던 프로젝트들에 많은 시간을 쏟았기 때문에 이 책의 저술에 충분한 진척이 이루어질 수 없었다. 호주 국방아카데미(Australian Defence Force Academy)에 위치한 뉴 사우스 웨일스 대학교의 인문·사회과학대학으로 자리를 옮기고 나서야 그 일은 다시 진행될 수 있었는데, 역시 다른 프로젝트들에 시간을 뺏기는 바람에 또 다시 중단되어야 했다. 그래서 웨스턴 시드니 대학교(University of Western Sydney)에 근무하게 되었을 때에야 이 책의 저술을 재개할 수 있었다. 그렇지만 이 일에 약간의 진전을 보게 되자마자, 세상에서 가장 효과적인 핑곗거리가 등장했다. 나의 예쁜 딸 엘크(Elke)가 태어난 것이다. 그럼에도 연구 휴가 덕분에 나는 마침내 이 책을 마무리할 수 있었다. 이 책이 오랜 기다림의 값을 할 수 있을 것으로 믿는다.

내가 이 책 전체의 모양새를 다듬어가고 있을 때, 여기 담긴 일부 내용은 다른 곳에 발표할 기회를 얻게 되기도 했다. 2장과 3장은 *The International Journal of Peace Studies*(volume 16, Spring/Summer 2011)에 실렸던 글에 들어 있는 생각들에 의존하고 있다. 4장은 존 버클리(John Buckley)와 조지 캐시메리스(George Kassimeris)가 편집한 책인 *Ashgate Research Companion to Modern Warfare*(Ashgate, 2010)에 게재되었던 글에 기대고 있다. 나는 이 글을 다시 여기서 사용할 수 있도록 양해해 준 이들에게 감사한다. 또 나는 앞에서 말했던 기관들

— 이곳들에서 나는 이 책에 담긴 생각 중 일부를 테스트해보기도 했는데 — 에 같이 근무했던 동료들에게도 고마움을 표하지 않을 수 없다. 처음에는 약간 다른 형식으로 구성되었던 이 책 초고의 각 부분들에 대해 사려 깊은 논평을 해주었던 정호원(Ho-Won Jeong)과 앤드류 링클레이터(Andrew Linklater)에게 진심어린 감사의 뜻을 전한다.

나는 에드워드 엘가 출판사(Edward Elgar Publishing)의 알렉스 페티퍼(Alex Pettifer)와 에드워드 엘가(Edward Elgar)에게도 감사하지 않을 수 없다. 이들은 저자들을 만나러 지구의 "정반대편"까지 여행하는 수고를 아끼지 않았던 사람들이었는데, 이들이 보여준 효율성과 간단하고도 신속한 일 처리방식은 곧바로 내 마음을 움직여 이들과 함께 작업하도록 나를 설득시키고야 말았다. 이 "가족 출판사"와 함께 작업하는 것은 내겐 아주 즐거운 경험이었다.

끝으로, 사랑하는 나의 파트너 제르다(Gerda)와 우리의 멋진 딸 엘크에게 깊은 고마움을 표한다. 제르다는 무한한 후원과 격려의 소중한 원천이며, 모든 것을 더 넓은 관점에서 바라보도록 해 주는 엘크는 우리에겐 절대적 기쁨을 의미한다.

✿ 옮긴이 서문

이미 200여 년 전에 모든 전쟁의 종식과 평화로운 문명 세계의 실현을 위한 실천적 구상으로서 『영구 평화론』을 저술했던 철학자 칸트는 이 저작에서 우리 인간의 "이성"은 "전쟁을 절대적으로 금지한다"고 설파한 바 있다. 이 말이 무색하게도 오늘날 여전히 세계 곳곳에서는 총성과 포화가 그치지 않고 있다. 인류가 걸어온 문명화의 길이 공존과 공영, 호혜와 평화의 미래에 이를 것이라고 믿었던 때도 있었지만, 그 길은 실상 전쟁의 폭력과 파괴를 동반하는 것이었다. 21세기 고도로 문명화된 시대를 사는 인류는 왜 자신이 이룩한 문명의 유산조차 잿더미로 만들어 비릴 전쟁으로부터 해방되지 못하는 것인가? 도대체 왜 문명은 전쟁을 종식시킬 수 없었는가?

옮긴이가 번역한 보든(Brett Bowden) 교수의 『문명과 전쟁』(*Civilization and War*)은 문명과 전쟁의 긴밀한 상관관계를 밝힌 책인 동시에, 바로 위에서 옮긴이가 던진 질문들에 대한 답변을 시도하고 있는 책이다. 저자는 이 책의 첫머리에서부터 인간의 문명이 전쟁과 함께 자라났음을 강조한다. 심지어 그는 문명과 전쟁이 마치 일란성 쌍둥이처럼 묘사될 수조차 있다고 말한다. 문명과 평화를 선호하고 전쟁을 기피하는 우리의 통상적인 습관적 사고의 측면에서 보면, 이것은 매우 충격적인 발언이 아닐 수 없다. 그의 말은 마치 우리가 아무리 문명화되어도 전쟁을 결코 떨쳐버릴 수 없다고 주장하는 것처럼 들리기 때문이다. 그러나 그가 꼭 부정적 전망을 보여 주는 것은 아니다. 그는 단지 우리로 하여금 문명과 전쟁의 밀접한 상호관계를 진지하게 생각하도록 촉구하고 있는 것이다. 그리고 그의 이러한 촉구는 옮긴이의 경험에 의하자면 성공을 거두고 있는 것으로 보인다. 왜냐하면 옮긴이는 동시에 독자로서 이 책을 읽으면서 정말로 이 둘의 관계에 대해 깊이 생각할 기회를 얻게 되었기 때문이다.

우리가 아무리 부인하고 싶어할지라도 그리고 아무리 외면하고 싶어할지라도, 인간의 역사는, 인간의 문명사는 전쟁으로 점철되어 있다. 역사 교과서에서 전쟁을 빼어 버리면, 그리고 전쟁 관련 사건들을 빼어 버리면, 과연 무엇이 얼마나 남을 것인가? 게다가 대규모로 벌어지는 무력 충돌로서의 전쟁 외에 인간사에 존재하는 온갖 다툼과 갈등과 대결들을 떠올려 보면, 그리고 이것들까지 전쟁의 범주에 넣는다면, 실로 인간은 전쟁과 더불어 살아간다고 말해도 무방할 것이다. 즉 인간과 전쟁의 밀접한 관계는 결코 부인할 수 없다. 옮긴이는 이 책을 번역하면서 인간이 실제로 숱한 다툼과 갈등과 대결 속에서 살아가고 있음을 새삼 깨닫게 되었다. 즉 이러한 측면은 — 혹 누군가는 인정하고 싶지 않겠지만 — 차라리 인간의 본성적인 면이라고 해도 좋을 것이다. 그렇기에 우리가 인간에 대해 잘 알고자 한다면 — 다른 접근 방법들도 있겠지만 — 전쟁하는 존재로서의 인간을 탐구하는 것이 필수적일 것이다. 물론 인간은 동시에 평화를 원하기도 한다. 또한 흔히 우리는 실제로 평화를 원한다고 말한다. 그리고 누구나 아는 일이겠지만, 우리 인간은 작든 크든 불화와 갈등의 상태가 격렬해지면 우리의 생존 자체가 위태로워지고 또 우리 자신과 우리가 건설한 문명이 파멸에 이를 수 있다고 생각할 정도로는 충분히 이성적이다. 또 그렇기에 우리는 동시에 평화의 보존과 증진을 위해 노력한다. 바로 이런 노력이 빛을 보기 위해서라도, 우리는 역으로 인간의 삶에 동반되는 전쟁이라는 현상에 대해, 전쟁하는 인간에 대해 연구할 필요가 있다.

이 책은 바로 전쟁하는 인간이라는 측면과 문명을 건설하는 인간이라는 측면을 결합시켜 제시하는 책이다. 분량이 그다지 많지 않고 상당히 압축적으로 서술되었지만, 이 책의 목차를 보면 발견할 수 있듯이, 문명과 전쟁이라는 주제와 관련된 핵심적인 소주제들이 거의 망라되어 있다. 게다가 이 책은 시의적이기도 해서, 미국 주도로 전 세계에서 전개된 테러와의 전쟁과 같은 중요하고도 현실과 밀착된 동시대적 주제까지 다루고 있다. 그리고 이 전쟁이 '문명을 위한 전쟁'으로 선포된 바 있었기 때문에, 이 전쟁 자체가 우리로 하여금 문명이 무엇인지를 성찰하게 하는 계기를 마련해 주기도 하는데, 바로 이 점을 이 책은 중요한 논점의 하나로 취급하고 있다.

'문명' 또는 '문명화'라는 용어 자체가 근대에 들어와 널리 쓰이기 시작했고, 또한 그것이 서양에서 비롯된 것이기에 이 용어는 일단 서양 중심적인 성격을 지닌다고 할 수 있다. 즉 '우월한' 문명을 전파하고, 야만적 상태를 '문명화'하며, '문명화의 사명'을 수행한다는 것과 같은 표현들은 근대 서양 문명이 또는 근대 서양 세력이 비서양 지역으로 진출하고 이 지역을 침략하면서 쓰던 표현들이며, 그런 의미에서 상당한 정도로 제국주의적 색채까지 지니고 있다. 저자는 바로 이러한 점도 논의거리로 삼아 문명화의 어두운 측면을 드러낸다. 역사적으로 보아 이러한 문명화는 사실상 전쟁을 동반했으며, 이 전쟁은 정복과 학살 그리고 비서양 지역의 식민화를 초래했다. 이와 같은 역사적 사실은 저자가 견지하는 입장인 문명과 전쟁의 결합을 증명해 주고 있다고도 할 수 있겠다. 저자는 근대 서양 문명의 발흥과 전파가 낳은 결과들 모두를 반드시 정당화하지는 않으면서 학자다운 객관적인 입장에서 문명화의 사태를 기술하고자 노력한다. 그렇지만 어쩔 수 없이 서양 중심적인 시각이 엿보이기도 한다. 그러나 이런 측면이 이 책이 갖는 장점들을 가리지는 않는다.

옮긴이가 이 책을 발견하고 번역할 결심까지 하게 된 데에는 서울대학교 인문학연구원 HK문명연구사업단의 공동연구팀 '제국과 도시'의 영향이 결정적이었다. 이 팀에서는 문명과 제국 그리고 도시의 상관관계를 연구했는데, 이런 연구를 하다 보면 필연적으로 전쟁이라는 주제에 가 닿을 수밖에 없다. 평화 없이 문명은 유지되지 않지만, 문명의 형성과 제국의 건설에 전쟁이 필수적이었음을 역사는 증언하고 있다. 옮긴이는 이 공동연구팀에 참여하면서 문명사의 관점에서 전쟁을 연구해 보고 싶다는 생각을 하게 되었는데, 바로 이런 관점에 입각하여 문명과 전쟁의 상관관계를 요약적으로 제시해 주는 책이 지금 번역해서 내놓는 『문명과 전쟁』이었다. 그렇기에 이 번역 작업은 필자의 후속 연구를 인도하는 기초 작업이라고도 할 수 있겠다. 이 책을 번역하고 그 내용을 검토하면서 실감하는 것이지만, 사람들은 대체로 평화를 추구하고 원하며, 평화 속에서만 문명의 건설과 보존이 가능하다고 믿기도 하지만, 역사와 현실은 인간이 전쟁 상태나 전쟁의 위협으로부터 진정으로 자유로울 수는 없다는 것을 실증해 준다. 그렇기에 어쩌면 인간이 이룩해 온 문명은 전쟁과 평화의 변증법에 기초하는 것인지도 모른다.

옮긴이는 이 책을 번역하면서 인문학과 사회과학 전반을 넘나드는 저자의 넓은 시야와 해박함에 깊은 인상을 받았다. 또한 광범한 자료를 사용하고 이를 적절히 배치하면서 논리의 일관성을 유지하는 이 책의 서술을 경험하면서 옮긴이는 저자가 축적해 온 높은 수준의 학문적 역량을 실감할 수 있었다. 비록 그가 이 책을 통해 문명을 보존하고 발전시키는 동시에 전쟁을 방지할 수 있는 해결책을 마련하고 있지는 않지만 — 그리고 과연 누가 이 해결책을 마련해 줄 수 있을 것인가? — 적어도 문명과 전쟁이라는 현실에 대해 우리가 어떤 태도를 취해야 하는가에 대해서는 적지 않은 것을 알려 주고 있다. 즉, 우리는 우선 우리 인간이 크고 작은 갈등 및 불화와 충돌 그리고 전쟁으로까지 나아가기 쉬운 존재임을 잊지 말아야 하며, 타자와 타문화에 대해 함부로 재단하려 해서는 안 된다는 것이다. 그리고 우리 인간은 서로 간의 충돌만큼이나 많은 평화로운 교류와 협력의 관계 속에서 발전해 왔음을 기억하며, 앞으로도 그런 관계를 풍부하게 할 수 있다고 희망해야 한다는 것이다. 그러나 또한 우리는 인류의 미래에 대해 결코 쉽사리 낙관해서는 안 되며, 끊임없는 인간 상호간의 노력을 통해서만 좀 더 평화롭고 문명화된 세계에 이를 수 있음을 명심해야 한다는 것이다.

끝으로 이 번역서 초고의 오탈자를 바로잡고 번역 문장을 좀 더 유려하게 바꾸는 데 도움을 준 서울대학교 철학과 박사과정 최건 군과 석사과정 서세동 군에게 감사의 마음을 전한다. 물론 번역 내용에 수정될 부분이나 문제점이 발견된다면, 그것은 온전히 옮긴이의 책임이다. 이 책이 독자에게 우리 시대가 당면하고 있는 인간 사회의 근본적인 문제에 대한 진지한 관심을 일깨울 기회를 제공할 수 있다면, 옮긴이로서는 더 바랄 것이 없을 듯하다.

2017년 10월

가을빛이 무르익은 관악산을 바라보며

박 배 형

차례

1. 서론

우리는 문명을 연구하면서 전쟁에 대해 많은 것을 배울 수 있다.
우리는 전쟁을 연구하면서 문명에 대해 많은 것을 배울 수 있다.
- 윌리엄 에크하르트(William Eckhardt)[1]

문명이 점점 더 지구 전체로 퍼져나갈수록 우리는 점점 더
전쟁과 정복이 사라지는 것을 보게 될 것이다.
- 앙투안-니콜라 드 콩도르세(Antoine-Nicolas de Condorcet)[2]

문명의 요람은 또한 전쟁의 요람이기도 하다.
- 아이라 마이스트리치(Ira Meistrich)[3]

야만의 기록이 아닌 문명의 기록이란 존재하지 않는다.
- 발터 벤야민(Walter Benjamin)[4]

문명과 전쟁이라는 두 주제보다 더 큰 주제가 있을까? 혹시 있을지도 모르겠지만, 그렇다고 하더라도 이 둘은 주제 목록의 제일 윗자

1 William Eckhardt, "Civilization, Empires, and Wars", *Journal of Peace Research* 27, no. 1 (1990), 9.

2 Antoine-Nicolas de Condorcet, *Vie de Voltaire*, in Lucien Febvre, "Civilization: Evolution of a Word and a Group of Ideas", in *A New Kind of History: From the Writings of Febvre*, ed. P. Burke, trans. K. Folca (London: Routledge & Kegan Paul, 1973), 257, 주 118.

3 Ira Meistrich, "War's Cradle: The Birthplace of Civilization is also the Home of Culture's Nemesis", *MHQ: The Quarterly Journal of Military History* 17, no. 3 (2005), 85.

4 Walter Benjamin, *Illuminations*, ed. Hanna Arendt (New York: Schocken Books, 1969), 256.

리에 근접해 있을 것이다. 실제로 그러하기에, 문명에 대해 정말 많은 저술이 이루어져 왔고, 마찬가지로 전쟁에 대한 많은 저술들이 존재한다. 그렇지만 문명과 전쟁을 상호 연관된 단일한 주제로 취급한 저술은 그리 많지 않다. 물론 에크하르트로부터 인용한 구절이 시사하듯, 이 둘의 관계가 매우 흥미롭고 탐구할 만한 가치가 있음을 발견한 사람들이 있었던 것은 사실이다. 그 한 예로 전쟁사가인 존 키건(John Keegan)의 저작에 기초하여 월터 크롱카이트(Walter Cronkite)가 내레이션을 했던 『전쟁과 문명』(*War and Civilization*)이라는 8부로 된 다소 긴 다큐멘터리가 있다. 그러나 이것은 실제로 문명에 대해서보다는 전쟁을 많이 다루고 있다. 또 아널드 토인비(Arnold Toynbee)의 짧은 책 『전쟁과 문명』(*War and Civilization*)도 있는데, 이것은 정확히 말하면 전쟁과 문명이라는 주제에 몰두한 책이 아니다. 차라리 이 주제를 종종 건드렸던 그의 여러 권짜리 책 『역사의 연구』(*A Study of History*)로부터 끄집어 낸 일련의 에세이 모음집이라고 말하는 게 나을 것이다.[5] 나의 입장에서 보면, 문명이란 내가 어느 정도는 알고 있고, 직접적인 체험을 해왔다고도 말할 수 있는 주제인 반면, 전쟁은 내겐 덜 친숙한, 다행스럽게도, 생생한 실제 체험을 해 보지 않은 주제이다. 이 책은 전체적으로 보아 문명과 전쟁의 밀접한 관계에 대해 다루고 있는데, 대부분 — 이 책의 앞머리에 제시한 4개의 함축적인 인용문들에서 여러 가지로 암시되는 바와 같은 — 이 둘의 관계가 지니는 본성을 탐구한다.

---

5 Arnold J. Toynbee, *War and Civilization*, selected by A. V. Fowler from A Study of History (London: Oxford University Press, 1951).

문명과 전쟁의 관계는 많은 이들이 생각하는 것보다 밀접하다. 에크하르트가 언급하듯이 문명과 전쟁은 실제로 "함께 자라났다".[6] 사정이 이러하기에, 이 둘의 가까운 관계는 아주 면밀히 살펴볼 만한 가치가 있다. 에크하르트가 강조하듯이, 이 둘은 우리에게 서로에 대해 많은 것을 말해 준다. 콩도르세에 따르면, 이러한 관계의 성격은 문명이 전 지구로 퍼져 나감에 따라, 전쟁이 과거의 유물로 되고 있음을 보게 해 주는 그런 것이다. 그러나 물론 이 과거는 대중을 문명화하는 과정이 또한 흔히 전쟁을 포함하는 유혈 낭자한 그리고 폭력적인 과정임을 알려 준다. 콩도르세와는 대조적으로, 마이스트리치는 이와는 다소 다른 관계의 양상을 엿보게 해준다. 문명과 전쟁은 동시에 같은 장소에서 태어났다는 것 — 이 둘은 사실상 쌍둥이라는 것 말이다. 전체적으로 보면, 에크하르트와 마이스트리치의 관찰은 문명과 전쟁이 사실상 동전의 양면과 같다는 것을 시사한다. 벤야민에게서 따온 글도 이와 유사하게 문명이 피로 얼룩진 그리고 폭력적인 과정 또는 상태임을, 문명이 야만의 반대라기보다는 차라리 이 둘은 동일한 것임을 암시한다.

이 서론의 나머지 부분에서 나는 문명이라는 관념을 간략히 설명할 것이며, 전쟁에 대해 일반적으로 받아들여지는 정의들을 소개하고 난 후, 이 책에 포함된 각 장(章)들의 개요를 짤막하게 서술할 것이다. 각 장들은 논리적이고 실용적인 순서에 따라 배열되도록 했지만, 나는 개개의 장이 독립적인 에세이로 취급되어 개별적으로 읽히

6 Eckhardt, "Civilization, Empires, and Wars", 9.

더라도 그 자체로서 지적으로 유익한 것이 되도록 특별히 애를 썼다. 그리하여 각 장들은 독자적이면서 일종의 맺음말을 포함하도록 편성되었다. 이 서론의 말미에도 앞의 내용을 마무리 짓는 생각들이 배치되어 있는데, 이것 역시 맺음말이 갖는 기능과 유사한 목적을 수행하고 있다.

문명에 관하여

문명이라는 관념은 사상사에서 그리고 보다 일반적으로는 세계사에서 특출하고도 복합적인 위치를 차지하고 있다. 이 관념은 인류의 역사에서 작지 않은 역할을 수행해 왔다. 문명을 가능케 하는 요건들은 온갖 유형의 개입들과 사회-정치적 공학을 묘사하고, 설명하며, 합리화하고 또한 정당화하는 데 활용되어 왔다.[7] 문명에 함축된 의미는 이 관념이 "근대 사상사 전체와 그리고 서양 세계에서의 주요한 지적 성취"와 긴밀히 연결되어 있는 — 몇 안 되는 — "본질적인" 관념들 중의 하나라는 견해에 잘 포착되어 있다.[8] 누군가는 이런 주장에 문명이라는 것은 의심할 바 없이 서양적 관념이며, 아마도 그것이 주는 가장 커다란 충격을 체감한 것은 비서양(non-Western) 세계였다는 것

7 Brett Bowden, *The Empire of Civilization: The Evolution of an Imperial Idea* (Chicago and London: University of Chicago Press, 2009) 참조.

8 Emile benveniste, "Civilization: A Contribution to the History of the World", in *Problems in General Linguistics, trans. Mary Elizabeth Meek* (Coral Gables, FL: University of Miami Press, 1971), 289.

을 덧붙일지도 모르겠다. 특히 스페인에 의한 신세계의 발견과 정복 이래로 바로 앞에서 언급한 개입과 사회-정치적 공학의 상당수가 — 종종 전쟁의 형태로 — 발생했던 비서양 세계 말이다.

두 차례의 세계대전과 대공황 그리고 홀로코스트를 경험했던 세기의 맥락에서 문명이라는 관념은 한동안 일종의 시대착오적인 것이 되어버리는 듯 보였다. 그러나 실제로 그렇게 되지는 않았다. 냉전의 종식은 **문명**이라는 용어—그리고 그것의 복수 형태로서의 **문명들**—의 부활을 가져왔다. 사회과학과 행동과학에서 광범위한 사건들과 쟁점들을 기술하고 설명하는 도구로서 말이다. 이러한 사태는 정치학과 국제 관계론에서 가장 두드러지게 나타난다. 이러한 사상적 전환의 촉매제는 많은 부분 새뮤얼 헌팅턴(Samuel P. Huntington)의 도발적인 논문과 저서에서 찾을 수 있다. 여기에서 그는 자기 식으로 문명의 충돌이라는 테제를 발전시켰는데, 이에 대해서는 이 책의 마지막 장에서 상세히 다룰 것이다.[9]

문명과 전쟁 간의 관계를 탐구하기 위해서는 문명이 무엇을 의미하며 또 문명이 인간사에 보다 일반적으로 어떻게 적용되는지를 잘 이해하는 것이 도움이 된다. 그러나 이러한 이해의 작업은 생각처럼 그렇게 간단한 일이 아니다. 왜냐하면 **문명**이라는 용어는 그것이 만들어질 때부터 다양한 의미를 포함했기 때문이다. 그래서 그때 이래로 시도된 많은 분석들도 문명이 지닌 넓은 의미의 영향권 아래로 들

9 Samuel P. Huntington, "Clash of Civilisations", *Foreign Affairs* 72, no. 3 (1993), 22-49; Samuel P. Huntington, *The Clash of Civilisations and the Remaking of World Order* (London: Touchstone Books, 1998).

어가 버려, 이 용어는 종종 어떤 분명한 또는 손쉽게 파악할 수 있는 의미를 결여한 채로 쓰인다. "종합적인" 또는 "통합적인 개념"과 같은 것으로 기능할 때, **문명**은 개별 인간이나 민족이 문명화되는 과정 및 그런 과정이 축적된 결과를 표현하는 데 쓰인다. 진 스타로빈스키(Jean Starobinski)가 지적하듯이, "결정적인 것은 역사의 본질적인 과정과 그런 과정의 최종 결과 모두를 표현하는 **문명**이라는 용어의 사용이 하나의 대립, 즉 문명과 가설적인 원시 상태(그것이 자연이라 불리든, 미개라 불리든 아니면 야만이라 불리든 간에)라는 대립을 설정했다는 것이다".[10]

이러한 설명은 **문명**이라는 용어가 단지 문명화 과정과 이런 과정을 거쳐 성취된 문명 상태에 그치지 않고 그 이상을 표현하기 위해 사용되고 있음을 시사한다. 이는 또한 문명이라는 관념이 내재적이면서 가치 판단이 들어간 또는 규범적인 성질을 지니고 있음을 함축한다. 나는 다른 글에서 상당히 길게 문명의 이상이 지닌 사회-정치적인 특성들과 규범적인 성질들을 논한 바 있다.[11] 간단명료히 말하자면, 지배적인 표준에 따라 상당히 복합적인 사회-정치적 조직을 이룩하고 자치를 행하는 능력은 오랫동안 문명의 핵심 요건으로 간주되어 왔다. 문명의 고찰에 있어 왜 사회-정치적인 면이 핵심적인가에 대한 주된 이유 중 하나는 — 토머스 홉스(Thomas Hobbes)의

---

10 Jean Starobinski, "The Word Civilization" in *Blessings in Disguise; or, The Morality of Evil*, trans. Arthur Goldhammer (Cambridge, MA: Harvard University Press, 1993), 2-5, 인용은 5쪽, 강조는 원저자.

11 Brett Bowden, "The ideal of Civilization: Its Origins and Socio-Political Character", *Critical Review of International Social and Political Philosophy* 7, no. 1 (2004), 25-50; Brett Bowden, *The Empire of Civilization*; Brett Bowden (ed.), *Civilization: Critical Concepts in Political Science*, four volumes (London and New York: Routledge, 2009), vol. 1 참조.

『리바이어던』(*Leviathan*)에 나오며 종종 인용되곤 하는 — 다음의 구절에 명백히 드러나 있다.

> 따라서 전쟁상태에서 벌어지는 모든 일은 만인이 만인에 대해 적(敵)인 상태, 즉 자기 자신의 힘과 노력 이외에는 어떠한 안전대책도 존재하지 않는 상태에서도 똑같이 발생할 수 있다. 이러한 상태에서는 성과가 불확실하기 때문에 근로의 여지가 없다. 그렇기에 토지의 경작이라는 것도 없다. 해상무역, 편리한 건물, 무거운 물건을 움직이는 기계, 지구의 표면에 관한 지식, 시간의 계산도 없고, 예술이나 학문도 없으며, 사회도 없다. 끊임없는 공포와 생사의 갈림길에서 인간의 삶은 고독하고, 가난하고, 험악하고, 잔인하고도 짧다.[12]

이 구절에서 일반적으로 끌어낼 수 있는 중요한 가르침 중 하나는 사회의 바깥인 자연 상태에서 영위되는 삶은 지속적으로 위협받는다는 것이다. 사회가 없이는 인간들 간에 평화로운 상태란 거의 불가능한 일이다. 여기서 이와 관련된 논점은 어느 정도의 사회-정치적 협동과 조직이야말로 문명의 기반을 위한 기본적인 필수요소라는 것이다. 홉스가 계속해서 설명하고 있듯이, "삶에 필수적인 것들을 조달하는 일은 국가와 같은 커다란 연합체를 세우기까지는 [...] 불가능했다". 국가야말로 "**평화**의 어머니요, **여가**는 **철학**의 어머니이다. 우선 크고 번창하는 도시들이 있는 곳에서 처음으로 철학 연구가 존

---

12 Thomas Hobbes, *Leviathan*, ed. C. B. Macpherson (Harmondsworth: Penguin, [1651] 1985), 186.

재했던 것이다".[13] 그렇기에 인간이 그들의 삶에 필수적인 것들을 제공받는 일은 사회 속에서 그리고 사회의 구성원으로서 가능한 것이고, 이런 필수적인 것들이야말로 인간으로 하여금 문명의 외형적 표현인 창조적 예술들과 활동들에 종사할 수 있도록 해준다. 정치적 사회 또는 국가에서의 협동이 없이는 과학과 기술의 지식도 존재하지 않고 여가 시간도 존재하지 않으며, 이것은 곧 그 어떤 철학도 예술도 존재하지 않음을 의미한다. 또한 그런 상태에서는 어떤 산업도, 사유 재산도, 부유함 또는 안녕도 존재하지 않는다. 적어도 우선 문명의 이러한 특징들 중 첫째로 꼽아야 할 것, 여타의 특징들의 전제 조건이자 이것들의 실현을 용이하게 하는 것이 바로 점점 복잡해지는 사회-정치적 조직의 현존이다. 그러나 우리가 앞으로 보게 되듯이, 이러한 문명의 특징들과 조건들은 또한 전쟁을 준비하고 수행하기 위해서도 필수적이다.

문명의 사회-정치적 차원이 중요한 한편, 문명에는 또한 우리가 간과할 수 없는 도덕적이고 윤리적인 요소도 있다. 알버트 슈바이처는 다음과 같은 문장에서 이러한 측면을 아주 잘 간파하고 있다. "정말 단순하게 말하자면, 문명이란 본질적으로 우리가 인간으로서 인류의 완성에 도달하기 위해 그리고 인간성과 대상 세계의 상황 속에서 모든 종류의 진보를 실현하기 위해 우리 자신을 던지는 데에 놓여 있다." 이렇게 우리를 던진다는 것은 문명의 정치적, 물질적 또는 문화적 표현인 만큼이나 정신의 태도이자 구조적 틀이기도 하다. 왜냐

13 Hobbes, *Leviathan*, 683; 강조는 원저자.

하면 그것은 필수적으로 다음과 같은 "이중의 성향을 포함하기 때문이다. 첫째로, 우리는 세계와 생명을 향해 긍정적 자세로 행동할 준비가 되어 있어야만 한다. 둘째로, 우리는 윤리적이 되어야 한다".[14] 슈바이처에게 있어 "문명의 본성은 물질적 성취에 놓여 있는 것이 아니라, 개인들이 인간 완성의 이상들과 일반 대중의 또 인류 전체의 사회적이고 정치적인 조건들의 개선을 마음에 간직하게 된다는 사실에 놓여 있다".[15] 이것을 약간 달리 말하면, "문명은 인간이 진보를 달성하겠다는 확고하고도 명백한 사명의식에 고취되어, 이 사명의식의 결과로서 생명과 세계를 위해 봉사하고자 자신을 바칠 때 생겨난다".[16] 생명과 세계를 위한 봉사라는 이러한 소명이 슈바이처의 문명철학의 핵심에 놓여 있는데, 이는 사실상 또한 윤리에 대한 그의 해석이기도 하다. 이것은 그가 생명에 대한 경외(*Ehrfurcht vor dem Leben*)라고 칭한 것과도 일치한다.[17] 생명에 대한 경외는 우리에게 하나의 "세계관", 즉 남을 배려하고 생존권 및 "살아 있는 모든 것에 대한 무한 책임"의 윤리를 넓혀 나가는 데 기여하는 세계관을 요구한다.[18]

---

14 Albert Schweitzer, *The Decay and the Restoration of Civilization: The Philosophy of Civilization. Part I*, trans. C. T. Campion, second edition (London: A. & C. Black Ltd, 1947), viii.

15 Albert Schweitzer, *Civilization and Ethics*, trans. C. T. Campion (London: Unwin Books, [1923] 1967), 20.

16 Schweitzer, *The Decay and the Restoration of Civilization*, ix.

17 Schweitzer, *Civilization and Ethics*, 21장 "The Ethic of Reverence for Life", 212-31과 22장 "Civilizing Power of the Ethic of Reverence for Life", 232-44. 또한 Predrag Cicovacki, "Reverence for Life: A Moral Value or the Moral Value?" *LYCEUM* 9, no. 1 (Fall 2007), 1-10 참조.

18 Schweitzer, *Civilization and Ethics*, 215.

곳곳에서 발견되는 강조점의 차이가 어느 정도는 존재할지라도 문명에 대한 이 두 관점이 서로 그다지 멀리 떨어져 있지 않다는 것은 명백하다. 이 둘 모두에게 중요한 것은 — 개인적이고 사회적인 차원 모두에서 — 진보와 인간의 완성이라는 관념이다. 문명을 — 개인들이 시간이 흐르면서 발전하고 저급한 본능과 충동보다는 이성의 능력에 의존하게 됨에 따라 겪는 것과 유사하게 — 대규모로 사회화되고 성숙해 가는 과정으로 보는 지그문트 프로이트의 견해에 대해서도 이와 비슷한 논점이 성립할 수 있겠다.[19] 프랑스의 언어학자 스타로빈스키는 문명의 이상과 진보의 관념이 갖는 관계의 근본적인 친밀성을 다음과 같이 포착한 바 있다. "하나의 과정을 나타내는 것으로서 **문명**이라는 단어는 **진보**라는 단어의 근대적 의미와 동시에 사상사 속으로 편입되었다. 이 두 단어는 아주 긴밀한 관계를 유지할 운명이었던 것이다."[20]

문명과 진보 간에 성립하는 가장 긴밀한 관계는 로버트 니스벳의 다음과 같은 질문, 즉 "서양에서 [...] 우리가 지금껏 알아 왔던 것과 비교할 수 있는 그 어떤 형식과 실질을 갖춘 문명도 그런 문명과 함께 존재해 온 진보에 대한 확고한 믿음 없이 가능할 것인가"라는 질문에 명확히 드러나 있다.[21] 그는 "거의 3천 년 동안 서양 문명에서 진보라는 관념보다 [...] 더욱 중요한 그 어떤 단일한 관념도 존재하지 않았다"고 주장한다. 그에 따르면, 자유, 정의, 평등, 공동체와 같은

---

19 Sigmund Freud, *Civilization and its Discontents, trans. Joan Rivere* (London: The Hogarth Press and the Institute for Psycho-Analysis, 1975), 26-33.

20 Starobinski, "The Word Civilization", 4; 강조는 원저자.

21 Robert Nisbet, *History of the Idea of Progress* (London: Heinemann, 1980), 9.

관념들도 그 나름의 정당한 지위와 의미를 지니고 있고 또한 결코 무시되어서는 안 되지만, "서양의 역사 전체를 통해 볼 때 이런 관념들에 있어서조차 그 심층에는 — 그것들의 중요성에 과거, 현재, 미래라는 단계적 발전의 의미를 부여하는 — 역사철학이 자리해 있었다".[22] 이러한 점에서 더 나아가, 스타로빈스키는 "**문명**이 이론을 위한 강력한 자극제이며" — 이 단어의 애매성에도 불구하고 — "포괄적인 역사철학을 정초할 수 있는 문명론의 설계를 통해 우리의 생각을 명료히 규정하려는" 압도적이고 거부할 수 없는 "유혹"이 존재한다고 적절히 지적한다.[23] 확실히, 문명과 진보라는 쌍둥이 이상은 — 모든 것을 아우르는, 아니면 적어도 광범한 영역을 포괄하는 — 일종의 역사철학을 통해 삶의 의미를 제시하려는 우리의 시도에서 중요한 요소가 된다.[24] 정말로 최근 몇 세기 동안 정치학적 스펙트럼을 넘어 다양한 분야의 사상가들에게 이러한 시도의 유혹은 거부할 수 없는 것임이 증명되었다고 할 수 있다.

문명과 진보의 깊숙이 얽혀 있는 관계는 19세기 초 프랑수아 기조(François Guizot)의 유럽사 및 문명화 과정에 대한 분석에서도 핵심적인 사항이었다. 기조는 문명의 사회-정치적이고 도덕적인 요구 모두를 담고 있는 설명에서 다음과 같이 주장했다.

---

22 Nisbet, *History of the Idea of Progress*, 4.

23 Starobinski, "The Word Civilization", 33-34; 강조는 원저자.

24 Brett Bowden, "In the Name of Progress and Peace: The Standard of Civilization' and the Universalizing Project", *Alternatives: Global, Local, Political* 29, no. 1 (2004), 43-68; Bowden, Empire of Civilization.

> 문명이라는 단어에 함축된 우선적인 사실은 [...] 진보, 발전이라는 사실이다. 그것은 곧바로 삶의 조건을 바꾸려 — 자신의 주거지를 바꾸기 위해서가 아니라 — 앞으로 나아가는 민족이라는 관념을 나타낸다. 또한 여기에는 이 민족의 문화가 삶의 조건을 형성하고 개선한다는 의미가 들어 있다. 내가 보기에 진보의, 발전의 관념이야말로 **문명**이라는 단어에 포함되어 있는 근본적인 관념이다.[25]

언뜻 보기에 진보의 기본 요소들은 단지 "시민적 삶을 완성하는 것, 사회를 — 보다 적절히 말하자면 — 인간의 관계들을 발전시키는 것"과만 관련되는 듯이 여겨진다. 그러나 "본능"은 우리에게 "이 단어, 즉 문명이 뭔가 보다 포괄적이고 복합적인 것을, 사회적 관계들, 사회적 역량과 행복을 단지 완성시키는 일 이상의 어떤 것을 함축한다고" 알려 준다. 이것은 바로 인간의 좀 더 심층적이고 폭넓은 도덕적 진보의 영역이다. 그리고 여기에 해당하는 것은 "개별 인간의, 내면적 삶의 발전, 인간 그 자신의, 그의 능력, 그의 정서, 그의 생각의 발전"이다. 홉스 및 다른 연구가들과 마찬가지로, 기조에게 있어 사회-정치적 진보 또는 사회를 체계화하는 것은 문명이라는 그림의 일부일 뿐이고, 그것의 배경에는 "문학적 교양, 과학, 예술이 그 장려함을 드러내고 있다. 인류가 이런 위대한 징표들을, 인간 본성에 의해 화려하게 고양된 이 징표들을 목도하게 되는 곳에서, 바로 이 숭고한 향유의 보물들이 창조된 모습을 경험하는 곳에서, 인류는 문명이라

---

25 François Guizot, *The History of Civilization in Europe*, trans. William Hazlit (Harmondsworth; Penguin, [1828] 1997), 16-18; 강조는 원저자.

는 것을 인정하고 또 그렇게 명명하는 것이다". 기조에 따르면, 문명이라 불리는 이 "위대한 사실"에 필수적 요소인 "두 가지 사실들"이 있다. 그것은 "사회적 활동의 발전과 개인적 활동의 발전이며, 달리 말하면 사회의 진보와 인간성의 진보이다". 이 "두 지표들"이 현전하는 곳에서, "인류는 큰 소리로 환호하며 문명을 선언하는 것이다".[26]

또 한 명의 저명한 역사가 베리(J. B. Bury)는 진보라는 관념의 역사에 대한 대대적인 연구 작업에 착수했던 최초의 인물들 중 하나인데, 그 역시 유사한 주장을 펴고 있다. 그는 "[진보라는] 관념이 문명이 진행되어 왔고, 진행되고 있으며 바람직한 방향으로 진행되어 갈 것임을 뜻한다"고 말한다.[27] 베리는 거대 이론을 선포하는 일이 불가피하다는 입장에 동조하면서, "그렇다고 할 때, 인간의 진보라는 관념은 과거와 미래에 대한 예측의 종합을 포함하는 이론임"을 역설한다. 이러한 이론화는 인간의 조건이 "명확하고도 바람직한 방향을 향해" 진전할 것으로 여기는 역사 해석에 기초한다. 그런 이론화는 "[...] 궁극적으로는 인간 일반의 행복이라는 상태가 달성되어 향유될 것이며, 이것이 곧 문명의 과정 전체를 정당화할 것임을" 함축한다.[28] 요약하자면, 역사의 종말은 홉스가 말하는 모두의 모두에 대한 전쟁 상태와도 같은 위험과 불확실성을 극복하고 시민적 또는 문명화된 사회의 상대적 안전성과 보안이 확보되는 상태에 근접한 것을 뜻한다. 그러나 문명이 정말로 그렇게 안전하고 확실한 보호의 상태이며

---

26 Guizot, *The History of Civilization in Europe*, 16-18.

27 J. B. Bury, *The Idea of Progress: An Inquiry into its Origin and Growth* (New York: Dover Publications, 1960), 2.

28 Bury, *The Idea of Progress*, 5.

전쟁의 재앙으로부터는 자유로운 그런 것인가? 실상 문명과 진보 간에 밀접한 관계가 있듯이, 문명과 전쟁 간에도, 또 전쟁과 진보 간에도 밀접한 관계가 존재한다.

전쟁에 관하여

전쟁이라는 단어는 우리의 일상적인 대화나 논의의 맥락에서는 뭐랄까 너무 아무렇게나 사람들 입에 오르내리는 경향이 있다. 삶과 죽음이 문제되는 것도 아니고 사실상 그것과는 거리가 먼 스포츠 경기에서 전쟁이란 말을 쓰는 것은 과장이 맞다. 이념적 차이라고 해야 정도의 문제일 뿐이고, 전투라고 해야 가시 돋친 설전 정도이며, 유일하게 결과로 남는 것이란 상처 입은 자아 정도인 자유민주주의에서 적대적인 당파 정치를 전쟁으로 묘사하는 것도 과장이 아닐 수 없다. 심지어 마약과의 전쟁, 빈곤과의 전쟁, 비만과의 전쟁이란 표현은 또 어떤가? 전쟁은 실제로 전쟁인 것이며, 많은 이들에게 그것은 생사의 문제이다.

그렇긴 하지만 퀸시 라이트(Quincy Wright)가 지적하듯이, 전쟁의 의미는 사람들에 따라 다르다. 즉 "어떤 이들에게 전쟁이란 퇴치되어야 할 역병과도 같다. 다른 이들에게 전쟁은 회피되어야 하는 실수이다. 또 다른 이들에게 전쟁은 처벌되어야만 할 범죄행위다. 또 어떤 이들에게 그것은 어떤 목적에도 도움이 안 되는 시대착오적인 것이다". 동시에, "전쟁을 선뜻 받아들이고 그것을 흥미로울 수도 있는 모험으로, 유용할지도 모르는 도구로, 정당하고 적절할 수도 있는 절차

로, 우리가 각오하고 있어야만 하는 현존의 조건으로 여기는 사람들도 있다".[29]

전쟁에 관해 가장 많이 인용되는 구절 중 하나는 칼 폰 클라우제비츠(Carl von Clausewitz)의 다음과 같은 명언이다. "**전쟁은 다른 수단으로 행하는 정치의 연속일 뿐이다.**"[30] 라이트가 구분한 범주로 치면 [전쟁을 현존의 조건으로 인정하는] 후자 쪽에 속하는 인물일 것 같은 클라우제비츠는 전쟁에 대한 현학적이고 문학적인 정의를 놓고 머뭇거리는 식이 아니라, 곧장 문제의 핵심, 즉 결투를 논할 것이라는 말로 그의 『전쟁론』(*On War*)을 시작한다. 그는 이렇게 말한다.

> 전쟁은 좀 더 커다란 규모로 벌어지는 결투에 다름 아니다. 수없이 많은 결투가 전쟁을 구성하기는 하지만, 전쟁의 형상은 전체적으로는 한 쌍의 레슬링 선수를 상상하면 그려질 수 있다. 각각은 육체적 힘을 사용하여 상대방을 자신의 의지대로 강제하려 한다. 각자의 **직접적인** 목표는 자신의 상대를 메다꽂아 더 이상의 저항을 하지 못하게 만드는 것이다.
>
> **따라서 전쟁은 우리의 적을 우리의 의지대로 강제하기 위한 무력의 행사이다.**[31]

---

29 Quincy Wright, *A Study of War*, second edition (Chicago and London: University of Chicago Press 1965), 3.

30 Carl von Clausewitz, "Note of 10 July 1827", in *On War*, eds. and trans. Michael Howard and Pater Paret (Princeton, NJ: Princeton University Press, 1989), 69; 강조는 원저자.

31 Clausewitz, *On War*, 75; 강조는 원저자.

주지하다시피 전쟁에는 한 쌍의 레슬링 선수의 경우나 심지어 가문 간의 또는 경쟁하는 범죄 조직 간의 목숨을 건 반목보다 훨씬 더 한 어떤 것이 있다. 라이트의 『전쟁의 연구』(*A Study of War*) 서문에서 칼 도이치(Karl Deutsch)가 지적하듯이, 전쟁은 규모가 크고, 고도로 조직되어 있으며, 미리 오랫동안 준비되고, 좀 더 많은 비용과 효과적인 장비를 들여 수행된다는 점에서, 또한 좀 더 널리 그리고 비교적 미래에 대한 고려를 덜 하면서 거의 무차별적으로 살인 행위를 저질렀다는 점에서 "단순한 살해"와는 다르다.[32] 그리하여 전쟁은 일반적으로 국가 간, 민족 간 또는 국가를 열망하는 집단 간의 조직적이고, 국제적이며, 광범하고, 폭력적인 무력 충돌이다. 그것은 — 1967년 6월에 일어난 이스라엘과 그 주변 국가 간의 6일 전쟁과 같은 예외가 있긴 하지만 — 비교적 긴 시기 동안 지속되는 경향이 있다. 또한 전쟁은 직업 군인들을 참여시키게 되고 높은 수준의 사망률을 수반한다. 물론 어떤 충돌이 전쟁으로 간주되고 분류되기 위해서 요구되는 최소 사망자 수에 대한 협정 같은 것은 실제로 존재하지 않지만 말이다. 전쟁은 일반적으로 두 가지 범주로 구분된다. 그 하나는 관련된 많은 국가들이 동맹을 맺어 서로 겨루었던 고전적인 국세 전쟁이고, 다른 하나는 내전인데, 이 경우는 경쟁하는 집단들이 국가권력을 장악하기 위해 싸우거나 아니면 하나나 그 이상의 집단들이 국가 내에서의 자치권을 얻기 위해 또는 국가로부터의 독립을 위해 싸우는 것이다. "전쟁은 오직 정치적 공동체 간에 일어나는 현상이다"라는 합

32 Karl W. Deutsch, "Quincy Wright's Contribution to the Study of War: A Preface to the Second Edition", in Wright, *A Study of War*, xi.

의는 전쟁을 정의함에서 중요하다.[33]

이미 오래전에 클라우제비츠는 전쟁의 본질적인 정치적 차원을 다음과 같은 언급에서 강조한 바 있다. "전쟁은 기술과 과학의 영역에 속하는 것이 아니다. 오히려 그것은 인간의 사회적 실존의 일부이다. 전쟁은 주된 이해관계의 충돌로서, 유혈 사태에 의해 해결된다. 바로 이것이 전쟁을 여타의 갈등과 구분해 주는 유일한 방법이다." 그는 계속해서 다음과 같이 말한다. "전쟁을 기술에 비유하는 [대신에] 더욱 정확하게는 전쟁을 상업에 비유해볼 수 있겠는데, 상업 역시 인간의 이해관계와 활동의 충돌이기 때문이다. 전쟁은 정치와 **훨씬** 가깝다. 그런데 결국 정치는 아마 좀 더 커다란 규모로 행해지는 일종의 상업으로 간주될 수 있을 것이다." 클라우제비츠는 또 다음과 같이 역설한다. "더욱이 정치란 전쟁이 발생해 가는 자궁이다. 여기에서 이미 전쟁의 윤곽은 숨겨진 기본 형태로 존재하는데, 이는 마치 생명체의 특징이 그것의 배아 속에 들어 있는 것과도 같다."[34]

앞으로 이어지는 장들에서 상세히 설명되겠지만, 전쟁은 문명만큼 오래된 것이다. 또는 문명은 전쟁만큼 오래된 것이라고 말해도 좋을 것이다. 마이스트리치가 다음과 같이 설명해 주고 있는 바대로, 문명의 요람, 비옥한 초승달 지역이라고 알려진 곳에서,

---

33 Brian Orend, "War", *The Stanford Encyclopedia of Philosophy* (Fall 2008 Edition), ed. Edward N. Zalta, 〈http://plato.stanford.edu/archives/fall2008/entries/war/〉 또한 J. Bellamy (ed.), *War: Critical Concepts in Political Science*, four volumes (London and New York: Routledge, 2008) 참조.

34 Clausewitz, *On War*, Book 2, Chap. 3, 149; 강조는 원저자.

> 사람들이 최초로 발명된 쟁기로 고랑을 만들며 경작을 했던 그 땅 위로 역시 최초로 만들어진 전차의 바퀴가 휘젓고 다녔다. 낫을 만들었던 금속은 또한 낫 모양의 칼도 만들었다. 관개시설과 피라미드를 만들었던 공동체 조직들은 또한 군대를 조직했고, 적에 맞서 성벽을 세웠으며, 신을 칭송하는 숭고한 찬미의 노래를 기록하는 데 사용한 문자는 전사(Warriors) 역시 칭송하였던 것이다.

따라서 "문명의 요람이 또한 전쟁의 요람이기도 하다는 것은" 전적으로 "적절한 표현"이다.[35]

어떤 면에서 보면, 인간들 사이의 갈등은 — 전쟁을 포함하여 — 인간의 문명에 선행하며 인류의 역사만큼이나 오래된 것이다. 예를 들어, 로렌스 킬리(Lawrence Keeley)는 서양 문명과의 접촉 및 그로 인한 일종의 타락 이전에 미개인들에게 존재했던 공동체 내적인 그리고 공동체들 간의 폭력의 범위와 격렬함을 경시함으로써 "과거를 평화롭게 채색하는" 경향이 있어 왔다는 주장을 피력하고 있다.[36] 이러한 주장은 긍정적인 반향을 불러일으켰는데, 『뉴욕타임스』(*New York Times*)에 기고한 한 비평가는 도대체 곧이 이런 주장이 거론될 필요가 있겠는가라는 의견 표명과 함께, 도대체 누가 "예컨대 문명화된 국가

---

35 Meistrich, "War's Cradle", 85.

36 Lawrence H. Keeley, *War before Civilization: The Myth of the Peaceful Savage* (New York Oxford Press, 1966). 또한 다음을 참조하시오. David Livingston Smith, *The Most Dangerous Animal: Human Nature and the Origins of War* (New York; St Martin's Press, 2007); Jean Guilaine and Jean Zammit, *The Origins of War: Violence in Prehistory*, trans. Melanie Hersey (Malden, MA: Wiley-Blackwell, 2005).

들의 등장 이전에 벌어진 전쟁은 뭔가 다르게, 즉 좀 더 부드럽게, 덜 심각하게, 좀 더 일정한 형식을 갖추고 치러진 경기와 같은 것이라고 강변할 수 있겠느냐"고 반문한 바 있다.[37] 어떤 이들은 이런 견해에 동조하면서 "원시인들은 거칠고, 잔인하고, 조야했으며, 흔히 대중문화나 포스트-식민주의적 연구들이 묘사하는 것처럼 사랑스러운 자연의 어린이들이 전혀 아니었던 것으로 보인다"고 주장하기도 했다.[38]

이런 식의 주장에 대해서 몇 가지 고려해 볼 만한 논점들이 있다. 단도직입적으로 언급할 수 있는 것은 킬리가 그의 고고학적 발견을 통해 밝혀낸 바와 같은 유형의 전쟁 행위가 공동체들 간에 벌어진 상당한 정도의 폭력행위였음에도 불구하고 앞에서 정의된 전쟁이라는 수준에까지는 미치지 못했을 수도 있다는 점이다. 이보다는 덜 직접적이고 덜 단순한 논점들은 원시인들을 낭만화하는 문제와 관련된 것이다. 그런 낭만화의 입장은 서양 문명 내지는 서양 문화에 앞선 세력이나 문화들이 결코 원시적이지 않았으며, 오히려 그들은 항상 문명화되어 있었다는 가정을 수반하는 것처럼 보인다. 그렇게 본다면 원시적이라는 딱지는 문명화된 유럽인들이 나중에 접촉하게 된 부족들에게만 붙일 수 있는 것처럼 보인다. 즉 킬리의 연구를 대입해 보면 여기에는 아메리카의 원시 부족들, 호주 원주민들, 파푸아 뉴기

37 Christopher Lehmann-Haupt, "Even in Eden, It Seems, War Was Hell", *New York Times*, July,18, 1996.

38 Oswald Spengler, "The Fraud of Primitive Authenticity", *Asia Times Online*, July 4, 2006. 〈www.atimes.com〉. 이 기사는 다음에 소개되는 Nicholas Wade의 책에 대한 서평임. *Before the Dawn: Recovering the Lost History of Our Ancestors* (New York: Penguin, 2006).

니의 부족들이 속한다. 그런데 이런 생각을 지지하는 비평들을 읽기 위해서는 이 부족들이 더 이상 존재하지 않는다는 가정이 허용되어야 할 것이다. 왜냐하면 거기에는 이들이 과거의 속하는 사람들이라는 생각이 들어있기 때문이다. 여기서 주목해야 할 것은 원시적이라는 용어가 그저 어떤 사람들이나 사회 그리고 이들이 처한 조건을 표현하기 위해 사용되는 용어가 아니라, 이와 동시에 평가하고 판단을 내리기 위해서 사용되는 — 숨은 의미가 실린 — 용어라는 점이다.

원시인들을 낭만화하는 입장은 앞에서 소개한 문명의 관념과 조화될 수 없을 뿐 아니라, 이 관념과 진보의 관념 사이에 성립하는 밀접한 관계와도 조화될 수 없다. 그런 입장은 보편사의 관념과도 상충하는데, 이 관념은 진보와 문명을 연관시키는 많은 문헌들에 스며들어 있으며, 이를테면 최근에 발견된 원시인이야말로 바로 발전의 초기 단계에 있는 "우리"라는 주장에서도 잘 드러난다.[39] 또한 이는 18세기의 상황을 묘사한 프리드리히 폰 실러(Friedrich von Schiller)의 다음과 같은 글에서도 잘 드러난다. "지혜로운 손은 이 미개한 부족들을 잘 보존하여 바로 현 시기에 우리가 그들을 발견하도록 해 준 것처럼 보인다, 즉 우리가 충분히 우리의 문명에서 진보함으로써 이런 발견을 유용하게 적용하고, 또 이를 거울로 삼아 우리 인류의 잃어버린 초기 단계를 회복할 수 있는 이 시기가 되어서야 그들을 발견하도록 해 준 것처럼 보인다."[40] 끝으로 주목할 가치가 있는 점은 이런 원

---

39 Johannes Fabian, *Time and the Other: How Anthropology Makes its Object* (New York: Colombia University Press,1983) 참조.

40 Friedrich von Schiller, "The Nature and Value of Universal History: An Inaugural Lecture [1789]", *History and Theory* 11, no. 3 (1972), 325.

주민들이나 그들의 "본래적인" 생활방식이 그들이 처한 운명을 개선하려는 어떤 진지한 시도를 해볼 정도로 확장되지는 않는다는 것이다. 왜냐하면, 이미 언급했듯이, 이 사람들은 여전히 실존하고 있으며 그들 중 다수는 지금도 이상적인 것과는 거리가 먼 조건에서 살고 있기 때문이다.

언제 그리고 누가 처음으로 전쟁을 벌였는가 하는 문제와 상관없이, 분노에 가득 차 적을 향해 최초의 돌을 집어 던지던 때 이후로 수천 년 동안, 대립하는 정치공동체 간에 수없이 많은 전쟁이 일어났고, 군인과 민간인 할 것 없이 수천만의 목숨이 희생되었다. 이 책은 왜 그토록 많은 생명이 전쟁으로 인해 희생되었는지를 좀 더 잘 이해하려는 시도에서 문명화 과정과 전쟁 수행 간의 관계를 탐구해 보고자 한다. 그다음, 이 책은 전쟁 수행 중에 일어나는 문명화된 행위와 문명화되지 못한 행위에 대한 관념들을 검토해 볼 것이다. 마지막으로 이 책은 미래의 심각한 전쟁들이 주로 대립적이고 상충적인 문명들 간에 벌어지게 될 것이라는 견해를 고찰해 볼 것이다.

이 책의 구조

이 서론에 이어지는 장(章)의 제목은 "문명과 평화"이다. 거기서 나는 문명이 전 세계로 퍼져 나감에 따라, 전쟁이 과거지사가 될 것이라는 콩도르세의 주장 뒤에 놓인 논거들과 지성사적 배경을 탐구할 것이다. 그의 주장은 — 국내적인 차원과 국제적인 차원 모두에서 — 문명화된 사회와 협력 및 평화를 지향하고 반목과 폭력적 갈등을 회피하는 성향 사이에 직접적인 연관성이 있다는 통념적인 이해에 기초한다. 이러한 주장은 — 영구적 평화에 관한 칸트적인 자유주의적이고 민주주의적인 이론에 영향을 받아 — 전 세계로의 문명의 전파는 국제적 질서와 세계 평화를 촉진할 것이라는 가정에까지 이른다. 이러한 평화로운 국제적 체제라는 사상에는 이와 연관된 관념들, 즉 문명화에 기여하는 상업의 덕목에 관한 관념들도 포함되어 있는데, 여기서 상업의 덕목이란 점점 더 많은 국가들의 운명이 점증하는 상호의존적인 무역의 연결망 속에 함께 얽혀 들어가게 되는 사정과 관계가 있다.

3장 "문명과 전쟁"은 바로 이런 통설에 도전한다. 이러한 도전은 문명과 전쟁의 관계가 갖는 본성에 대한 오해를 파헤치면서 이루어질 것이다. 문명은 확실히 부분적으로는 사회 내적 관계의 평화 정착에 관련된 것이지만, 또한 그것은 조직화와 전문화에 관한 것이기도 하다. 군사화, 상비군, 전쟁 준비를 포함해서 말이다. 마이스트리치를 비롯하여 여러 사람이 설명하듯이, 앞에서 정의한 유형의 전쟁을 수행하는 능력은 오직 문명만이 동원할 수 있는 그런 조직과 인간적, 물질적 자원을 요구한다. 이 장은 일반적으로 받아들여지는 "문명이 곧 평화"라는 등식을 뒤집으면서 문명화 과정과 전쟁, 또는 문명과 전쟁 간에 성립하는 이와는 다소 다른 관계를 입증해 보일 것이다.

4장 "문명과 야만"은 문명화되었다고 묘사되는 쪽과 미개 사회나 야만인들 간에 전쟁 수행 상에서 나타나는 상이한 방법과 표준들에 대해 논의한다. 여러분들 각자는 어떤 사람이나 어떤 민족에 대해서 이들이 어떻게 싸우는지 또는 전투를 수행하는지에 근거하여 많은 것을 얘기할 수 있다고 흔히들 생각한다. 이를테면 다음과 같은 식으로 말이다. 그것은 기사도적이고(chivalrous) 고상한가, 아니면 추잡하고 야비한가? 전자는 오랫동안 문명화된 것으로 여겨져 왔고, 후자는 미개인, 야만인 그리고 테러리스트들이 선호하는 술책에 해당한다고 간주되어 왔다. 전쟁 수행을 이렇듯 두 가지 방식으로 가르는 선은 전설에나 등장할 법한 군사적 지평선으로서, 대체로 유럽인들이 만들어낸 고안물이며, 새로이 발견되고 정복된 사람들을 평가하고 묘사하기 위해 사용된 것이었다. 이런 군사적 지평선의 중요한 귀결은 문명화된 민족과 야만적 민족에 각각 상이한 도덕적 가치를 부여하는 것이었다.

다음에 이어지는 장인 "문명, 전쟁, 테러"는 문명화된 전쟁과 야만적 전쟁의 탐구라는 주제를 이어나간다. 이 장은 테러리즘이 전쟁 수행의 한 방식인지 아닌지에 관한 문제를 다루고자 한다. 만약 전쟁 수행의 한 방식이라면, 그것은 어떤 이들의 주장처럼 야만적 방식이 될 것이다. 또한 이 장은 테러리즘이 문명이라는 관념에 정면으로 배치되며 따라서 테러리즘에 대한 전 세계적(global) 전쟁은 전혀 문명화되지 못한 적, 즉 테러리스트들과 그 지지자들에 대해 문명의 이름으로 수행되는 전쟁이라는 주장을 검토해 볼 것이다. 그리하여 5장은 바로 앞 장에서 제기된 주제들에 이어서 테러와의 전쟁이 "여태까지 있었던 것과는 다른 전쟁"이라는 주장에 도전할 것이다. 오히려 그것은 실제로 "우리 대 그들"이라는 종류의 전쟁, 즉 역사 전체를 통해 흔히 있었던 전쟁의 한 형식인 것이다.

"전쟁 중인 우리와 그들"이라는 제목의 6장은 이런 유형의 전쟁을 심층적으로 고찰하면서, 적을 악마화하는 것과 이것이 이를 수 있는 학대 및 잔혹행위의 유형들에 대해 검토할 것이다. 6장은 전쟁의 윤리적 수행과 관련된 주제들 또는 **전시 국제법**(*jus in bello*)의 문제들을 다루게 됨으로써 4장에서 제기된 몇몇 논점들로 되돌아가게 될 것이다. 또 6장은 상이한 집단들, 또는 "우리"와 "그들" 간에 벌어지는 갈등의 과도하게 폭력적인 본성을 검토하면서, 철저히 갈라지고 대립적인 이들 사이의 전쟁에서 가혹한 학대 행위가 저질러져 왔다는 사실이 왜 그다지 놀랄 일이 아닌가에 대한 몇 가지 이유들을 소개할 것이다. 결국 4장과 6장은 모두 특별히 전쟁의 시기에 문명에 동반될 수 있는 야만에 대한 벤야민의 지적과 관련된 것이다.

이 책의 마지막 장인 7장 "전쟁하는 문명들?"은 문명들 간의 전쟁이라는 주제를 다룰 것인데, 어떤 사람들은 이를 가까운 장래에 발발할 가능성이 가장 높은 대규모의 갈등 형태로 본다. 이 장은 다음과 같이 묻는다. 문명이란 무엇인가? 문명들이란 연구되고 비교될 수 있는 정치적 단위인가? 좀 더 중요하게는, 문명들은 서로 간에 전쟁을 수행할 능력을 지니고 있는가? 이 장은 우리 세계의 주요한 문명들 간에 때때로 긴장과 갈등이 있어 왔으며, 다른 때에는 평화로운 협력과 교역의 시기가 길게 이어지기도 했다는 것을 인정하면서, 이런 문명들의 관계의 역사를 조망할 것이다.

결론

2백여 년 전에 에드워드 기본(Edward Gibbon)은 『로마 제국 쇠망사』(*The Decline and Fall of the Roman Empire*)에서 "인간은 아마 세계의 모든 시대가 인류의 실질적 부(富), 행복, 지식, 그리고 미덕까지도 증대시켰고 또 증대시키고 있다는 기분 좋은 결론에 동의할" 수도 있을 것이라고 언명했다.[41] 인간 역사의 기록은 여러모로 이것이 옳았음을 증명하고 있다. 예컨대, 제국 시기에 로마인의 기대 수명은 대략 25세였다. 오늘날, 세계의 평균 기대 수명은 60대 중반 내지 후반 정도이며, 대부분의 선진국들에서 그것은 상당한 정도로 더 높다. 부분적으로는 과학과 기술의 발전 덕택에, 20세기에서만 보더라도 "출생 때의 국민 평균 기대 수명은 남성에게서는 66퍼센트, 여성에게서는 71퍼센트 증가하였다. 그리고 어떤 경우에는" 이 세기 동안에 "기대 수명이 두 배 이상 증가하였다".[42]

또한 20세기에는 문명과 진보의 핵심 지표인 도시화가 전례 없이 가속화되었다. 20세기 초에 도시 거주자가 세계 인구의 13퍼센트에 달하는 2억 2천만 명이었다면, 이 세기 중반에는 29퍼센트에 달하는 7억 3천 2백만 명에 이르렀고, 2005년에는 49퍼센트에 달하는 32억 명이 되었다. 이대로 간다면 2030년이 될 때까지는 50억에 달하는 인구가 도시에 살 것으로 추산되는데, 이것은 지구 총 인구의 대략 60퍼센트에 해당하는 수치이다.[43]

---

41 Edward Gibbon, *The Decline and Fall of the Roman Empire*, abridged by D. M. Low (Harmondsworth: Penguin Books with Chatto & Windus, 1963), 530.

42 Kevin G. Kinsell, "Changes in Life Expectancy 1900-1990", *American Journal of Clinical Nutrition* 55 (1992), 1196S-1202S. 또한 다음을 참조. Oded Gator and Omer Moav, "Natural Selection and the Evolution of Life Expectancy" (October 12, 2005). Minerva Center for Economic Growth Paper no. 02-05. 〈http://ssrn.com/abstract=563741〉.

43 *World Urbanization Prospects: The 2005 Revision* (New York: United Nations Department of Economic and Social Affairs, Population Division, 2005).

세계 경제의 관점에서, 세계 인구가 약 22배 증가했던 지난 천 년 동안에 세계의 1인당 소득은 약 13배 증가한 한편, 세계의 총생산은 거의 300배 증대했다. 이러한 성장의 대부분은 산업혁명의 결과로 이루어진 발전에 기인한다고 할 수 있다. 1820년 이래로 세계 인구는 5배가 증가한 반면, 1인당 소득은 약 8배 증가하였다. 이러한 종류의 발전은 앞선 천 년을 크게 능가하는 것으로서, 앞선 천 년 동안에 세계 인구는 거의 6분의 1만큼 증가한 것으로 추산되며, 1인당 소득은 대체로 제자리에 머물러 있었다.[44]

문명이란 아주 많은 이들이 그렇게 상상해 왔듯 꽤나 순조롭게 앞으로 나아가는 것처럼 보일 수도 있다. 어쨌거나 우리는 앞선 세대보다 오래 살며, 또한 우리는 우리 대부분이 필요로 하는 것보다 훨씬 많은 물품들에 접근할 수 있다. 그렇지만 20세기는 인류사에서 가장 많은 전사자가 났던 시기이기도 하다. 부분적으로는 바로 그 산업화와 문명이 성취한 것들로 인해 말이다. 즈비그뉴 브레진스키(Zbigniew Brzezinski)에 따르면, 20세기는 "대량 사망의 세기"로서, 대략 1억 6천 7백만 명에서 1억 7천 5백만 명에 달하는 사망자가 생겨났다.[45] 이것이 꼭 인류가 전쟁의 길을 21세기로 연장시킬 운명을 지니고 있음을 의미하는 것은 아니다. 명백히 대부분의 사람들과 국가들이 전쟁보다 평화를 선호하고 있는데 어떻게 그런 일을 상상할 수

---

44 Agnus Maddison, *The World Economy*, vol. 1: *A Millennial Perspective*, vol. 2: *Historical Statistics* (Paris: OECD Publishing, 2006).

45 Zbigniew Brzezinski, *Out of Control: Global Turmoil on the Eve of the 21st Century* (New York: Touchstone, 1995). 또한 R. J. Rummel, *Death by Government* (New Brunswick, NJ: Transaction Publishers, 1994) 참조.

있겠는가? 20세기 후반에 바로 유럽의 심장부에서 일어났던 스레브레니차 집단학살 사건을 상상할 수 있었던 사람은 거의 없었을 것이다. 오스발드 슈펭글러(Oswald Spengler)의 말을 들어 보자.

> 세계 평화가 도대체 가능할 것인가 하는 문제는 세계사를 잘 아는 사람만이 답할 수 있는 문제다. 그러나 세계사를 잘 안다는 것은 인간이 어떠했고 앞으로도 늘 어떨 것이라는 것을 잘 안다는 말이다. 대부분의 사람들은 결코 이해할 수 없겠지만, 미래의 역사를 그것이 어떻게 전개될 것인지의 관점에서 보는 것과 그것이 어떻게 전개되기를 바란다는 관점에서 보는 것 사이에는 커다란 차이가 있다. 평화는 소망이며, 전쟁은 사실이다. 그리고 역사는 인간의 소망과 이상에 결코 주의를 기울인 법이 없다.[46]

나는 문제의 상당 부분이 우리가 문명과 진보를 바라보는 방식에 있다는 견해를 피력하고 싶다. 즉 우리는 지금까지 오랫동안 문명의 사회적, 정치적, 물질적 차원에 몰두해 왔고, 그러면서 그것이 갖는 윤리적이고 타인을 배려하는 차원을 희생시켰던 것이다. 인류의 일반적인 진보와 우리의 문명에 관하여 루스 매클린은 기본과는 의견을 달리 하면서 다음과 같이 주장한다. "기술적 진보가 일어났다는 것은 전적으로 논란의 여지가 없다. 지적이고 이론적인 진보가 발생했다는 것도 대체로 논란의 여지가 없다. 어느 정도 논란의 여지가

46 Oswald Spengler, "Is World Peace Possible?", in *Selected Essays*, trans. Donald O. White (Chicago: Henry Regnery Company, 1967), 205.

있는 것은 미적 또는 예술적 진보가 일어났느냐 하는 것이다. 그리고 대단히 논란의 소지가 많은 것은 도덕적 진보가 이루어졌다는 주장에 대해서이다."[47]

도덕적 진보라는 주제는 여기에서 소개된 문명에 이의를 제기하는 주된 도전들의 핵심에 놓여 있는 것으로 보인다. 문명과 전쟁의 관계라는 측면에서, 우리는 — 문명이 일종의 자멸적인(suicidal) 생활 주기의 형태로 스스로를 허물어뜨리면서 자기 자신의 종말을 초래하는 — 두 개의 잠재적으로 자기 파괴적인 과정을 볼 수 있다. 문명과 전쟁의 관계는 전쟁 수행이 문명을 야기하고, 문명이 갖는 조직과 관련된 그리고 기술적인 진전들이 다시금 더욱 피비린내 나고 효과적인 전쟁 수행을 촉진하며, 이것이 이번에는 결국 과잉확장이나 내적 붕괴로 인한 문명의 종말을 초래하는 과정으로 서술될 수 있는 것으로 보인다. 사실상 이것은 문명이 궁극적으로 그 자신에 대한 최악의 적이 되는 일종의 악순환을 보여준다.

앞으로 서술될 장들에서 소개될 것이지만, 문명과 전쟁에 관하여 아널드 토인비, 피티림 소로킨(Pitirim Sorokin), 퀸시 라이트 그리고 윌리엄 에크하르트는 대체로 모두 이 문제를 "이다주의 대 이기주의라는 윤리적 도전에 대응하는" 문명의 무능력이라는 측면에서 규정한다.[48] 에크하르트가 요약해 주고 있듯이, 토인비, 소로킨, 라이트

---

47 Ruth Macklin, "Moral Progress", *Ethics* 87, no. 4 (1997), 370.

48 Eckhardt, "Civilization, Empires, and Wars", 12. 또한 다음을 참조하시오. Arnold Toynbee and Daisaku Ikeda, *Choose Life: A Dialogue* (New York: I. B. Tauris, [1976] 2007); Pitirim A. Sorokin, *The Ways and Power of Love: Types, Factors, and Techniques of Moral Transformation* (West Conshohocken, PA: Templeton Foundation Press [1954] 2002).

는 "전쟁과 문명이 우월감과 독선에 의해 유발되었으며, 바로 이것이 전쟁과 문명의 행위들이 갖는 파괴성을 합리화하고 정당화했다"는 식의 유사한 결론에 도달했다. 더욱이 "이런 행위들의 자기 파괴성은 문명화된 민족들을 특징짓는 자기중심성과 독선이라는 자기기만에 의해 철저히 은폐되었는데, 이 민족들은 다른 이들에 대해 그리고 특히 원시 종족들에 대해 자신들의 천부적 우월성을 믿는 경향이 있다". 에크하르트는 다음과 같이 질문한다. "우리는 전쟁 없는 문명을 가질 수 있는가?" 그의 대답은 "명백한 '긍정'"이지만, 이는 우리가 전쟁을 일으키는 문명의 본질적 성향과 또한 그것의 권위주의적, 이기적, 강제적 본성을 극복할 수 있는 한에서 그런 것이다. 이 점에서 그는 토인비, 소로킨, 라이트와 의견을 같이하면서 자기 파괴의 문제에 대한 윤리적 해결을 요청한다. 이들 모두가 동의하는 것은 "인간들의 관계가 좀 더 평등주의적, 이타적, 온정적이 되도록 문명을 재구축함으로써 전쟁을 방지할 수 있다"는 것이다.[49]

이렇듯 무기(arms)에 반대되는 자선(alms)을 요청하는 것은 더글러스 맥아더 장군이 1951년 4월 19일 미 의회에서 행한 고별연설에서 보여준 촉구와 많은 공통점을 지니고 있다. 이 연설에서 그는 제2차 세계대전이 끝날 무렵 일본의 항복에 뒤이어 내놓은 자신의 성명을 다시 인용하면서 다음과 같이 말했다.

우리가 어떤 좀 더 위대하고 공정한 시스템을 고안해 내지 않는다

---

49 Eckhardt, "Civilization, Empires, and Wars", 22-3.

> 면, 우리는 아마겟돈에 직면하게 될 것입니다. 이 문제는 신학적이며 과학. 예술, 문학 등에서 우리가 이루어낸 거의 독보적인 진전과 지난 2000년간의 물질적이고 문화적인 모든 발전양상들과 함께 동시적으로 움직이는 — 인간 성격과 관련한 — 일종의 정신적 재생과 개선을 포함합니다. 우리가 육체를 구원하고자 한다면, 그것은 반드시 정신에 의해서 가능할 것입니다.

여러 면에서, 문명이 자연계와 맺는 불편하고도 착취적인 관계와 관련하여 유사한 종류의 논점이 지적될 수 있을 것이다. 문명이, 슈바이처가 제안한 대로, "세계와 생명을 향해 긍정적으로" 행동하는 일과 "윤리적으로 되는" 일에[50] — "살아 있는 모든 것에 대한 무한 책임"을[51] 포함하여 — 좀 더 많은 비중을 부여하고, 진보, 근대화, 도시화, 그리고 — 거의 어떤 희생이라도 마다하지 않는 — 성장에 대해서 더 적은 비중을 부여했다면, 우리 자신과 이 세계는 지금에 비해 아주 건강한 모습이 되었을 것이다.

전체적으로 보아, 나는 다음과 같이 주장하는 것이 올바르다고 생각한다. 즉, 인류가 미숙한 자연 상태 또는 야만적 상태나 미개 상태, 혹은 — 다른 식으로 표현하면 — 문명화되지 못한 조건으로부터 거쳐 와야 했을 긴 시간의 경로와 성취해 온 많은 진전들에도 불구하고, 인류가 이룩한 문명은 이를테면 우리가 그 위에서 스케이트를 타는 얼음과 같은 것이다. 그런데 이 얼음은 본래 얇고 우리 자신의 파

50 Schweitzer, *The Decay and the Restoration of Civilization*, viii.

51 Schweitzer, *Civilization and Ethics*, 215.

괴적 행위로 인해 항상 깨질 위험에 처해 있으며, 아마도 전쟁으로 향하는 우리의 성향으로 인해 가장 큰 위험에 처해 있을 것이다.

2. 문명과 평화

서론에서 언급했듯이, 맥아더 장군은 1951년 4월 19일 미 의회에서 행한 고별연설에서, 그가 이미 1945년 9월 2일 미 해군 전함 미주리 호 갑판에서 진행된 일본의 항복문서 조인식에서 내놓았던 자신의 성명을 다시 반복하면서 다음과 같이 말한 바 있다.

> 인간은 태초 이래로 평화를 추구해 왔습니다. 시대에서 시대를 거치며 민족들 간의 분쟁을 방지하거나 해결하기 위한 국제적인 절차를 만들어낼 목적으로 다양한 방법들이 시도되어 왔습니다. 처음부터 개별 시민들에 관련된 차원에서는 실행 가능한 방법들이 발견되었습니다. 그러나 좀 더 큰 국제적인 범위에서 운용될 수단의 메커니즘은 결코 성공적이지 못했습니다. 군사 동맹, 세력 균형, 국제연맹, 이 모든 것들은 결국 실패했으며 남아 있는 유일한 길은 전쟁이라는 호된 시련의 장을 경유하는 길이 되고 말았습니다.

이어서 그는 핵무기 시대의 도래와 함께 "전쟁의 철저한 파괴성이 이제 이러한 대안을 가로막습니다. 우리에게는 마지막 기회가 주어져 있습니다. 우리가 어떤 좀 더 위대하고 공정한 시스템을 고안해 내지 않는다면, 우리는 아마겟돈에 직면하게 될 것입니다."라는 주장을 내놓고 있다. 맥아더가 보기에, 전쟁이라는 재앙의 상존하는 위협은 대체로 인간의 근본적인 도덕적 결함에 기인하는 것이었다. 그가 주장하는 바에 따르면, 이 세계를 전쟁으로부터 구하기 위해서는 "과학, 예술, 문학 등에서 우리가 이루어낸 거의 독보적인 진전과 지난 2천년간의 물질적이고 문화적인 모든 발전양상들과 함께 동시적으로 진행되는 — 인간 성격과 관련한 — 일종의" 대대적인 "정신적 재생과 개선"이, 그것도 "긴급하고도 간절히 요청된다"는 것이다. 그리하여 이어서 그는 "우리가 육체를 구원하고자 한다면, 그것은 반드시 정신에 의해서 가능할 것"이라고 역설한다.

대략 같은 시점에 한스 모겐소(Hans Morgenthau)는 『국제정치학』(*Politics among Nations*)에서 이렇게 쓰고 있다. "한 세대에 일어난 두 번의 세계대전과 핵무기의 잠재력은 국제 질서와 세계 평화의 보존을 서양 문명의 가장 중요한 관심사로 만들었다." 사실상, 그저 질서와 평화가 서양 국가들의 관심사인 것이 아니라, "평화의 유지가 모든 국가들의 제일의 관심사가 된 것이다".[1] 그는 이것이 최근에 생겨난 자각인 것은 아님을 인정하면서, "전쟁이야말로 언제나 재앙으로서 혐오의 대상이었다"고 덧붙이는데, 바로 그렇기에 모든 세대의 주요 사상가들 중 많은 이들이 이 세계를 전쟁으로부터 벗어나게 하는 데에 그들의 지적 역량을 쏟아부었던 것이다. 예컨대, 모겐소는 이렇게 말한다.

> 16세기의 에라스무스(Erasmus), 17세기의 설리(Sully), 에메릭 크루세(Émeric Crucé), 휴고 그로티우스(Hugo Grotius), 18세기의 아베 드 생 피에르(Abbé de Saint Pierre), 루소, 벤담, 칸트는 국제 질서와 평화의 문제를 해결하기 위해 19세기와 20세기에 착수된 실천적 시도들의 위대한 지적 선구자들이었다.[2]

---

1 Hans J. Morgenthau, *Politics among Nations: The Struggle for Power and Peace*, fourth edition (New York: Alfred A. Knopf, 1967), 372, 22.

2 Morgenthau, *Politics among Nations*, 373. 그는 373쪽에서 이러한 실천적 "시도들의 중요한 예로 신성동맹, 1899년과 1907년의 헤이그 평화회의, 국제연맹, 국제연합"을 언

모겐소는 계속해서 “안정되고 평화로운 국제 질서를 수립하려는” 이렇듯 다양한 “시도들을” 지탱해 주는 “도덕적 뿌리는 서양 세계에서 지난 세기들을 거치며 나타난 증가 현상, 즉 인간 사이의 관계에서 인도적이고 문명화된 성격이 증가한 현상에서 찾을 수 있을 것”이라고 주장한다. 이런 인도적인 면과 문명화된 행위는 결과적으로는 전쟁으로 인해 치러야 할 희생이 인간의 삶과 인간의 안녕의 증진에 대한 존중을 내세운 계몽주의 철학과 자유주의 정치이론에 반하는 것이라는 자각에 의해 촉발되었다고 할 수 있다. 더 나아가 모겐소는 다음과 같은 설명을 내놓고 있다. 즉, 이러한 발전 뒤에 놓인 핵심적인 “지적 요인(intellectual factor)”은 “처음에는 사회적인 그다음에는 정치적인 중요성을 획득하게 된 상업 계급의 부상이었다. 이와 함께 전쟁과 국제적인 무정부 상태를 시장의 계산 가능한 작동 방식에 대한 비합리적 교란으로서 두려워하는 상업적이고 과학적인 정신이 우세하게 되었다”.[3] 요약하면, 모겐소는 인간 생명의 손실이라는 면에서뿐만 아니라, 상업적 손실 및 광범한 경제적 황폐화라는 면에서도 전쟁이 치러야 할 비용이 너무 크다고 생각하는 경향이 증대했다는 논지를 펼치고 있다.

우리가 지금 여기서 말하고 있는 정신적이고 도덕적인 각성이라는 것은 결국 아마 계몽주의적 가치, 원칙, 제도들이라는 말로 가장 잘 특징지을 수 있는 것을 폭넓게 채택한 것에 다름 아니다. 계몽주의 시대에 부상하던 자유주의적 가치 및 이와 연관된 민주주의적 절

급하고 있다.

3 Morgenthau, *Politics among Nations*, 374.

차와 제도들이 문명화된 국제 사회를 이루는 국가들 사이의 보다 질서 있고 평화로운 관계를 지탱하고 유지시킨다는 생각은 점점 더 많은 지지자들을 얻게 되었다. 이런 식의 생각은 국내 문제나 국제 관계 모두와 관련하여 문명화된 사회와 평화에의 지향 사이에는 직접적인 연관성이 있다는 핵심 논리와 더불어 한동안 상당한 영향력을 행사했다. 이런 식의 생각은 예컨대 18세기 후반 실러의 언급에서도 발견될 수 있는데, 그는 문명화된 "유럽 사회의 국가들이 커다란 가족으로 변모하고 있는 것처럼 보이며, 그 구성원들은 상호간에 불화를 빚기도 하지만, 서로를 더 이상 찢어발길 듯이 하지는 않는다"고 말한 바 있다.[4] 미국의 법학자 엘피어스 헨리 스노(Alpheus Henry Snow)는 프랑스의 법학자 앙투안 루지에(Antoine Ruogier)의 글을 인용하면서 19세기 초반의 그와 같은 사회가 갖는 질서 있는 성격을 포착하고 있다.

> 정상적인 정부의 통치에 입각해서 질서와 정의를 유지하고 거주민들의 인권을 보장함으로써 전반적으로 조직화된 사회의 존속에 필요한 기능들을 수행해야 함을 의무로 여기는 이들 국가들은 "공동체 내지는 사회를 형성하고 있는데, 이는 과거에는 기독교 국가들의 공동체라 불렸던 것이고, 지금은 문명화된 국가들의 공동체라고 불린다".[5]

---

4 Friedrich von Schiller, "The Nature and Value of Universal History: An Inaugural Lecture [1789]", *History and Theory* 11, no. 3 (1972), 327.

5 Alpheus Henry Snow, *The Question of Aborigines in the Law and Practice of Nations* (New York: G. P. Putnam's Sons: The Knickerbocker Press, 1921), 315-16.

실러와 스노가 묘사하는 바와 같은 문명화된 국가들의 질서 있고 평화로운 공동체는 헤들리 불(Hedley Bull)이 나중에 다음과 같은 국제 사회로 언급하게 될 것에 해당한다.

> [이런 국제 사회는] 일단의 국가들(또는 좀 더 일반적으로 말하자면, 일단의 독립적인 정치공동체들)로서 이들은 각각의 행위가 다른 국가들의 셈법의 필수적 요소라는 의미에서 단지 하나의 체계를 이룰 뿐만 아니라, 그들의 관계의 수행을 위한 공통의 규칙과 기구들을 대화와 협조를 통해 수립했으며, 이러한 장치들을 유지하는 데에 그들의 공통된 이해가 놓여 있음을 인정한다.[6]

앤드류 링클레이터가 설명하듯이, 국가들의 사회는 "그 안에서 이 국가들이 [세계적인] 문명화 과정을 위한 전망들을 실험해 보았던 각축장"이며 또한 "인간들이 죽이거나 상처를 주거나 모욕하거나 다른 식으로 거듭 반복해서 해를 끼치는 일 없이 함께 모여 살 수 있게 하는 장치들을" 가능하게 만드는 무대와도 같다.[7] 이런 유형의 질서 있는 사회를 수립함에 있어, 불은 사회-문화적 인정이나 공존가능성이 실제로 꼭 필요한 것은 아니라고 여긴다. 그 대신에 그는 다원주

---

6 Hedley Bull and Adam Watson, "Introduction", in *The Expansion of International Society*, eds. Hedley Bull and Adam Watson (Oxford: Clarendon Press, 1984), 1. 또한 Hedley Bull, *The Anarchical Society: A Study of Order in World Politics*, second edition (London: Macmillan, 1995), 13 참조.

7 Andrew Linklater, "Global Civilizing Processes and the Ambiguities of Human Interconnectedness", *European Journal of International Relations* 16, no. 2 (2010), 167.

의적인 국제 사회는 단지 그 구성원으로서의 국가들이 주권적이고 외교적 관계에 참여하는 것을 요구할 뿐이라고 주장한다. 이것은 기독교 문명, 보다 일반적으로 말해서 서양적 가치들이 국제 사회의 질서와 평화를 낳는 기반이라는 마틴 와이트(Martin Wight)의 연대주의적 견해와는 대조를 이룬다.[8]

15세기 후반부터 시작된 유럽의 정복 국가들의 영토 확장 및 그에 뒤이어 1648년의 베스트팔렌 조약에 의해 확립된 유럽 국가 체제의 확대와 함께, 20세기 중반 포스트-식민시기에 이르기까지, 국제 사회에 대한 불의 다원주의적 견해는 점점 더 그 범위에 있어 보편적인 것으로 이해되었다.[9] 그러나 민족들 간의 평화와 세계 평화를 더욱 광범위하게 초래했을 것으로 여겨지는 것은 계몽주의 및 서양 문명의 가치에 의해 뒷받침된 국제 사회라는 좀 더 연대주의적인 견해의 확산이다.[10] 이를 잘 보여주는 것이 18세기 후반의 상황에 대한 콩

---

8 Hedley Bull, "The Grotian Conception of International Society", in *Diplomatic Investigations*, eds. Herbert Butterfield and Martin Wight (London George Allen & Unwin, 1966), 51-73; Martin Wight, "Western Values in International Relations", in *Diplomatic Investigations*, eds. Herbert Butterfield and Martin Wight (London George Allen & Unwin, 1966), 89-131.

9 Hedley Bull, "The Emergence of a Universal International Society", in *The Expansion of International Society*, eds. Hedley Bull and Adam Watson (Oxford: Clarendon Press, 1984), 117-26.

10 존 그레이가 지적하듯이, 계몽주의의 주요 사상가들은 "세계의 모든 민족의 미래는 서구적 제도들과 가치들을 — 일종의 변형된 형태로 — 받아들이는 데 있음을 결코 의심하지 않았다. [...] 이 사상가들 모두는 단일한 세계 문명의 창조를 옹호하였는데, 이는 과거의 다양한 전통과 문화가 이성에 기초한 하나의 새롭고도 보편적인 공동체에 의해 대체되는 것을 의미했다". 다음을 참조. John Grey, *False Dawn: The Delusion of Global Capitalism* (London: Granta Books, 1998), 2; John Grey,

도르세의 다음과 같은 서술이다. "문명이 점점 더 지구 전체로 퍼져 나갈수록 우리는 점점 더 전쟁과 정복이 노예화 및 빈곤과 더불어 사라지는 것을 보게 될 것이다."[11] 우리는 이를 약간 다르게 다음과 같이 표현해 볼 수 있을 것이다. 우리가 지금 서구 스타일의 자유민주주의적 문명이라고 부를 수 있는 것의 확산과 수용은 궁극적으로 전쟁과 타락에 종지부를 찍을 것이며 전 지구에 걸친 평화와 번영의 확장을 가져올 것이다.[12]

혹시 이것이 많은 이들에게 온당하고도 심지어 감탄할 만한 열망처럼 들릴지도 모르지만, 나는 이어지는 장에서 이러한 사상적 기초에 의거하는 세계 평화가 실제로 달성될 수 있는지에 대해 의문을 제기할 것이다. 그렇지만, 그러기에 앞서 나는 이 장의 나머지 부분에서 평화에 이르는 길로서 문명을 옹호하는 입장을 요약적으로 서술하고자 한다.

Enlightenment's Wake: Politics and Culture at the Close of the Modern Age (London and New York: Routledge, 1995).

11 Antoine-Nicolas de Condorcet, *Vie de Voltaire*, in Lucien Febvre, "Civilization: Evolution of a Word and a Group of Ideas", in *A New Kind of History: From the Writings of Febvre*, ed. P. Burke, trans. K. Folca (London: Routledge & Kegan Paul, 1973), 257, 주 118.

12 민주주의 문명이라는 사상을 상세히 탐구한 최초의 연구들 중 하나는 다음과 같다. Leslie Lipson, *The Democratic Civilization* (New York: Oxford University Press, 1964). 좀 더 최근의 연구로는 Sujai J. Shivakumar, "Towards a Democratic Civilization for the 21th Century", *Journal of Economic Behavior & Organization* 57, no. 2 (2005), 199-204 참조.

평화의 고안

앞에서 소개한 대로 그리고 마이클 하워드(Michael Howard)가 반복하고 있듯이, "계몽주의 사상가들에 의해 고안된 평화, 즉 전쟁이 어떤 역할도 하지 못하는 세계 질서는 역사를 통틀어 선지자들에게서 나타나는 공통된 열망이기도 했다". 그러나 세계 평화가 "정치 지도자들에 의해 실현 가능하고도 바람직한 목표로 간주된" 것은 "오직" — 인간의 역사에서 가장 피비린내 나고 폭력적인 세기들에 속하는 것으로 다음 장에서 명시될 — "지난 2백 년간"이었다. 바로 이 기간에 평화라는 소중한 것 또는 "전쟁을 완전히 몰아낼 사회 질서의 이미지"가 "사자를 양과 더불어 드러누워 있게 만들 천년왕국적인 신적 개입"의 영역에서 "매사를 스스로의 힘으로 처리하는 이성적 인간의 사려 깊음"으로 옮겨 갔다.[13]

이렇게 스스로의 힘으로 세계 평화에 접근하는 방식 뒤에 놓인 근거와 동력은 공화제적 내지는 자유민주주의적 국가들로 된 국제 사회에서의 "영구적 평화"라는 칸트의 구상 또는 **세계시민법**(*ius cosmopoliticum*)의 구상에 깊은 영향을 받았다. 요컨대, 자유민주주의와 시장경제가 그 어떤 사회라도 통제할 수 있는 가장 좋은 방식을 대표한다는 믿음이 널리 받아들여지고 있는 것이다. 자유민주주의적 정치체제들은 서로 전쟁을 하지 않는다는 견해 역시 광범하게 유포된 그리고 상당히 중요하게 취급되는 견해이다. 그래서 자유민주주의가

13 Michael Howard, *The Invention of Peace: Reflections on War and International Order* (London: Profile Books, 2000), 2, 6.

보편적으로 적용가능하고 바람직한 지배원리로 간주되는 것과 궤를 같이하여, 민주주의가 더욱 널리 확산될수록 평화로운 세계 질서를 실현할 기회도 점점 더 커진다는 주장도 제기되고 있다.[14]

국제 질서와 평화를 위한 이러한 도식을 어떤 이들은 "민주적 삼단논법"이라거나[15] "칸트적 삼각대"로[16] 지칭하곤 한다. 이 삼단논법의 제1명제이자 가장 중요한 명제인 자유주의적 또는 민주적 평화론은 국제 관계의 영역에 관해서 정치학자들이 내놓을 수 있는 몇 안 되는 "중대한" 주장들 중의 하나로 인식되고 있다. 예컨대 잭 레비는 지난 2세기 동안의 전쟁에 대한 조사에 기초하여, "사소한 예외"를 제외하면 민주주의 국가들은 강대국들이 포함된 전쟁에서 결코 서로 반대편에 서서 싸우지 않았다고 주장한다. 이것에 이어 그는 "민주주의 국가들 간에 전쟁이 없다는 점은 우리가 국제 관계에서 가질 수

14 Amartya Sen, "Democracy as Universal Value", *Journal of Democracy* 10, no. 3 (1999), 3-17; Michael Doyle, "Liberalism and World Politics", *American Political Science Review* 80, no. 4 (1986), 1151-69; Michael Doyle, "Kant, Liberal Legacies, and Foreign Affairs, Part 1", *Philosophy and Public Affairs* 12, no. 3 (1983), 205-35; Michael Doyle, "Kant, Liberal Legacies, and Foreign Affairs, Part 2", *Philosophy and Public Affairs* 12, no. 4 (1983), 323-53; Arie M. Kacowicz, "Explaining Zones of Peace: Democracies as Satisfied Powers?", *Journal of Peace Research* 32, no. 3 (1995), 265-76; Brett Bowden, "In the Name of Progress and Peace: The 'Standard of Civilization' and the Universalizing Project", *Alternatives: Global, Local, Political* 29, no. 1 (2004), 43-68 참조.

15 Francis Fukuyama, "Second Thoughts: The Last Man in a Bottle", *The National Interest* 56 (Summer 1999), 17.

16 Bruce Russett, John R. Oneal and David R. Davis, "The Third Leg of Kantian Tripod for Peace: International Organizations and Militarized Disputes, 1950-85", *International Organization* 52, no. 3 (1998), 441-67.

있는 경험적 법칙이라 할 만하다"고 역설한다.[17] 이와 유사하게, 브루스 러셋(Bruce Russett)은 민주적 평화론이 "국제 관계에 관해 시도될 수 있는 중대하고 동어 반복적이지 않은 가장 강력한 일반화들 중의 하나"를 이룬다고 말한다.[18] 존 롤스 역시 자유민주주의적 평화 가설이 올바르다고 생각한다. 그것이 그 자체로 『만민법』(*Law of Peoples*)" 에서의 롤스 자신의 기본 구상을 보증한다는 것인데, 이 구상은 칸트가 평화적 연맹 또는 "현실주의적 유토피아"를[19] 가능하게 하기 위한 국제체제를 계획할 목적으로 자신의 『영구 평화론』(*Perpetual Peace*)에서 제시한 바와 같은 선례를 따르고 있다.

앞에서 말한 삼단논법의 둘째 요소는 민주주의와 경제적 발전 간의 상호관계이다. 즉 민주주의는 경제발전을 촉진시키는 최선의 정부형태로 언급되고 있으며, 안정된 민주주의를 조장하고 유지시키는 최선의 수단은 지속적인 경제 성장에 의거하는 것이다.[20] 이 삼단논법의 세 번째이자 마지막 부분은 상업과 경제적 상호의존의 유대관계를 통해서 평화의 명분을 증진시키는 것과 관련된다. 이러한 점에서, 민주적 삼단논법은 국내 사회들에 대한 노베르트 엘리아스(Nobert

---

17 Jack S. Levy, "Domestic Politics and War", *Journal of Interdisciplinary History* 18, no. 4 (1988), 662. 이 법칙의 견고성은 의심스러운데, 그것은 레비가 구별하지 않고 사용하는 민주주의적 또는 자유주의적 통치체제로서 간주되는 것의 범위가 유난히 넓기 때문이다. 즉, 그에게 민주주의는 "1) 정기적인 선거와 야당의 자유로운 참여, 2) 적어도 10퍼센트의 성인 인구가 투표에 참여하는 조건, 3) 행정부를 통제하거나 아니면 행정부와의 동등성을 공유하는 의회의 존재를 포괄한다".

18 Bruce Russett, *Controlling the Sword: The Democratic Governance of National Security* (Cambridge, MA: Harvard University Press, 1990), 123.

19 John Rawls, *Law of Peoples* (Cambridge, MA: Harvard University Press, 1999), 54, 10.

20 Fukuyama, "Second Thoughts", 18.

Elias)의 설명과 많은 공통점을 지니고 있는데, 그는 "인간관계들"의 연결망이 확장되는 것에 대해 그리고 이것의 결과인, "사회적 행위와 상호의존의 연쇄가 길어지는" 효과에 대해 쓴다. 그에 의하면 "이것이야말로 행위의 '문명화하는' 변화이다".[21] 자유주의적/민주적 평화론은 이렇듯 동일한 기본 원칙들을 세계라는 각축장 전체에 적용하면서, 무역과 해외투자의 상호의존적 관계를 갖는 복잡한 연결망 속에 있는 국가들, 또한 이와 함께 국제 관계에서 뜻대로 할 수 있는 행위의 범위가 국내의 대중적인 여론에 의해 제약되어 있는 국가들은 많은 비용을 들여가며 폭력의 행사에 기대는 대신 평화로운 중재, 협상, 또는 타협을 추구할 가능성이 좀 더 많을 것이라는 주장을 내세운다.

미국 의회 고별연설에서 맥아더가 제시한 논점과 유사하게, 엘리아스는 국내 사회에서의 폭력의 추방을 명확히 언급하고 있으며, 다른 곳에서는 "한 국가에 사는 사람들 간의 평화의 회복과 문명화가 진전되어 왔다"고 지적한다. 나아가 그는 "우리의 문명을 통하여 두 영역을 나누는 이상한 구분선이 형성되어 왔는데", 결과적으로 그것은 "국내에서의 문명적 행위 및 경험의 표준과, 이와는 다른 국제관계라는 뚜렷한 구분"을 낳았다고 말한다. 한 국가 내에서 사람들 사이에 벌어지는 관계에서는, 폭력에 호소하는 것이 금기이며, 그런 일이 일어나더라도 처벌을 받게 된다. 그러나 국제 관계에서는 "다른 표준이 지배하는데", 거의 모든 크고 강력한 "국가는 지속적으로 다

21 Nobert Elias, *The Civilizing Process*, trans. Edmund Jephcott, revised edition (Oxford: Basil Blackwell, 2000), 370.

른 국가들에 대한 폭력 행위를 준비한다". 게다가 "그런 폭력 행위가 자행될" 경우에, "이를 자행하는 사람들은 매우 존경을 받는다. 종종 그들은 매우 찬양되고 상을 받기도 한다". 그리하여 엘리아스는 결론적으로 "상호적인 물리적 위험의 축소와 평화의 증진이 문명의 정도를 규정하는 결정적인 기준으로 간주된다면, 인간은 국제적 차원에서보다는 국내적 상황 내에서 보다 높은 수준의 문명에 도달했다고 여겨질 수 있을 것"이라고 말한다.[22] 이와 유사한 맥락에서, 링클레이터가 설명하듯이, "다른 사람들을 인간**으로서** 동일시하는 것을 가로막는 '생존 단위'(survival unit)에 대한 애착이 두드러지게 약화된 것은 아니며, 이것은 세계 전체에 걸치는 독점적 권력 없이 도대체 어느 정도까지 초국가적인 연대가 발전될 수 있겠는가 하는 문제를 제기하고 있다".[23] 이러한 결론들은 스스로의 힘으로 세계 전체에 문명을 주입하려는 방식이 — 이러한 방식이 세계 질서와 평화라는 대의의 실현을 앞당길 것이라는 희망 속에서 — 최근 몇 세기에 걸쳐 점점 증가하고 있음을 설명하는 데 도움을 주고 있다.

국가들 간의 평화

칸트가 평화를 위한 자신의 구상을 개략적으로 제시하고 있던 때와

22 Nobert Elias, "Violence and Civilization: The State Monopoly of Physical Violence and its Infringement", in *Civil Society and the State: New European Perspectives*, ed. John Keane (London: Verso, 1988), 181.

23 Linklater, "Global Civilizing Processes", 164.

거의 같은 시점에, 콩도르세는 — 국내적이고 세계적인 차원 모두에서 — "민족들의 형제애"를 바탕으로 하는 평등주의와 조화로운 영구적 평화로 특징지어지는 인류의 미래에 대한 비전을 그리고 있었다. 그는 민족들이 자기 자신의 자유를 상실하지 않고서는 다른 민족들을 정복할 수 없다는 것을 알게 되는 때, "중상주의적 편견들"이 점차 사라지고 "영속적인 연맹"이 독립과 안전을 보장하는 때가 올 것을 기대하였다. 콩도르세가 마음속에 그렸던 바는 "민족들이 마침내 정치와 도덕의 원칙들에 동의하게 되는" 때였다. 그는 그때가 되면 그리고 오직 그때에만 "전쟁의 분노를 조장하거나 심지어 유발할 그 어떤 것도 남아 있지 않을 것"이라고 생각했다.[24] 콩도르세가 가장 동의할 만하고 보편적으로 적용 가능하다고 생각한 정치와 도덕의 원리들은 본질적으로 자유주의적 원리들이다. 왜냐하면 그의 『스케치』는 "그 시대의 이상과 희망들, 즉 인도주의, 세계시민주의, 이성의 힘과 인간 본성의 본래적 선함에 대한 믿음, 그리고 무엇보다도 진보에 대한 믿음의 표현"이라고 묘사되기 때문이다.[25] 콩도르세나 토마스 페인(Thomas Paine)과 같은 사상가들의 주장에도 불구하고,[26] 마사 너스봄에 따르면, "칸트야말로 그 어떤 계몽주의의 사상가들보다도 영향력 있게 애국주의나 집단 정서보다는 이성에 기초한 정치

24 Antoine-Nicolas de Condorcet, *Sketch for a Historical Picture of the Progress of the Human Mind*, trans. June Barraclough (London: Weidenfeld and Nicolson, [1975] 1955), 194.

25 J. Salwyn Schapiro, *Condorcet and the Rise of Liberalism* (New York: Octagon Books, 1963), 260.

26 Thomas C. Walker, "The Forgotten Prophet: Tom Paine's Cosmopolitanism and International Relations", *International Studies Quarterly* 44, no. 1 (2000), 51-72 참조.

사상, 공동체주의적이기보다는 진정으로 보편적인 정치사상을 옹호했다".[27] 이러한 서술이 정확한지에 대해서는 의심해 볼 여지가 있지만, 그럼에도 불구하고 — 하워드가 "단지 실현되기 어려운 염원 이상이었던 평화의 고안자"로[28] 지칭한 — 칸트가 민주적/자유주의적 평화의 가능성에 관한 후속적 사상과 이론화를 위한 지적 참조점으로 남아 있다고 주장하는 것은 합당할 것이다.

인간이 점점 진보해 가서 도달하게 될 목적이라고 칸트가 상정했던 바는 "영구적 평화"라는 이상과 아주 유사하다. 『보편사의 이념』에서 그는 "자연의 최고의 목적"이 "완전히 정당한 시민적 정치 체제", 즉 공화적 정치 체제하에서 "최대의 자유를 지니는 사회" 안에서만 실현 가능하다고 쓰고 있다.[29] 이러한 내용은 『영구 평화론』에서 다시 강조되고 있는데, 여기서 칸트는 "근원적 계약의 이념에서 도출되며, 한 국민의 모든 법률상의 입법이 그에 기초해 있을 수밖에

---

27 Martha C. Nussbaum, "Kant and Stoic Cosmopolitanism", *Journal of Political Philosophy* 5, no. 1 (1997), 3. 다른 관점에 대해서는 다음을 참조. Isaiah Berlin, "Kant as an Unfamiliar Source of Nationalism", in Isaiah Berlin, *The Sense of Reality: Studies in Ideas and Their History*, ed. henry Hardy (London: Chatto & Windus, 1996), 232-48.

28 Howard, *Invention of Peace*, 31. 지적한 바대로, 이것은 영구적 평화라는 관념을 처음으로 생각해낸 인물이 칸트였음을 뜻하는 것이 아니다. 하워드가 인정하고 있듯이, 이미 아베 드 생 피에르(Abbé de Saint-Pierre)와 루소는 이 관념을 검토한 바 있고 일축해 버렸다. Rousseau, "Abstract and Judgement of Saint-Pierre's Project for Perpetual Peace [1756]", in *Rousseau on International Relations*, eds. Stanley Hoffman and David P. Fiedler (Oxford: Clarendon Press, 1991), 53-100. 제러미 벤담(Jeremy Bentham) 역시 다음의 저술에서 이에 대한 자신의 생각을 피력한 바 있다. *Plan for an Universal and Perpetual Peace* (London: Peace Book Co., [1786-1789] 1939).

29 Immanuel Kant, "Idea for a Universal History from a Cosmopolitan Point of View [1784]", in *Kant On History, ed. Lewis White Beck* (Indianapolis: Bobbs-Merrill, 1963), 16.

없는 유일한 정치 체제는 공화적 체제"라고 말한다. 이 체제는 "(인간으로서) 사회 구성원의 자유라는 원리"에 의해, "(신민으로서) 모두가 단 하나의 공통된 입법에 의존하는 의존의 원리"에 의해, "(시민으로서) 평등의 법칙에 의해" 확립된다.[30] 칸트에게 "이제 유일한 문제는" 다음과 같다. 공화적 체제가 "과연 영구적 평화로 이끌 수 있는 유일한 체제인가?" 그는 "공화적 체제가 그 근원의 순수성 외에도 [...] 소망되고 있는 결과, 즉 영구적 평화에 대한 바람직한 전망 역시 제공한다는 긍정적인 답변을 내놓는다.

> 그 이유는 다음과 같다. 전쟁을 해야 할지 하지 말아야 할지를 결정하는 데 시민들의 동의가 필요한데(이 정치 체제에서는 이런 절차를 거칠 수밖에 없다), 이때 시민들은 그들에게 닥칠 전쟁의 모든 불행을 각오해야 하기 때문에 그토록 고약한 놀이를 시작하는 데에 매우 신중하리라는 것보다 자연스러운 일은 없다.[31]

더욱이, 공화제 국가들 간의 평화는 다음과 같은 이유로 보장된다.

> 이러한 국가들의 연맹에서는 비록 가장 작은 국가일지라도 자신의 안전과 권리를 보장받을 수 있다. 그리고 이것은 그 자신의 힘과 고

---

30 Immanuel Kant, "Perpetual Peace [1795]", in *Kant On History*, ed. Lewis White Beck (Indianapolis: Bobbs-Merrill, 1963), 93-4. 여기서(95-6) 칸트는 "공화적 체제를 민주적 체제와 (흔히 그러하듯이) 혼동하지 않아야 하는데 [...], [왜냐하면] 민주주의 체제는 그 말의 본래적 의미에서 필연적으로 전제주의이기 때문이다."라고 주장한다.

31 Immanuel Kant, "Perpetual Peace [1795]", 94-5.

유한 판단에서가 아니라 오직 거대한 국제연맹(*Foedus Amphictyonum*)에 의한, 통일된 의지의 법칙에 따른 결정에 입각해 행동하는 하나의 통일된 힘에 의한 것이다.

칸트는 "이러한 생각이 아무리 환상에 가득 찬 것처럼 보일지라도", 또 그래서 "아마 그것이 실현되기에는 너무 이르다는 이유로 아베 드 생 피에르나 루소에 의해 조롱받았다고 하더라도" 국가들은 결국 "자신들의 야수적인 자유를 포기하고 하나의 합법적인 체제 속에서 평화와 안전을 찾을 수밖에 없을 것"이라고 덧붙인다. 본질적으로 보아 칸트는 공화제적 정부형태의 확산, 공화국들 간 무역관계의 확대, 그들 간의 국제법의 준수라는 것이 질서 있고 평화로운 국제 사회를 보장하는 가장 실효성 있는 수단이라고 주장했던 것이다. 이러한 문명화의 조건들이 더욱 더 확장될수록, 점점 더 평화로운 세계질서, 또는 칸트의 말대로 "자연이 그 최고의 목적으로 삼고 있는 보편적인 세계시민적 상태"의 도달 가능성이 더욱 커진다는 것이다.[32]

세계 평화, 또는 라스-에릭 시더만(Lars-Erik Cederman)이 칸트적 "민주주의들 상호간의 평화"라고 명명했던 평화에의 전망은 부분적으로는 다음의 주장, 즉 공화제적으로 또는 민주적으로 선출된 지도자들은 그들이 "전쟁을 감행하기 전에 국민들의 평화 애호적인 성향을 고려하도록" 요구된다는 칸트의 주장에 기초한다. 그러나 거기서 더 나아가 시더만은 칸트에게 있어 민주주의의 효과는 이런 단순한

32 Immanuel Kant, "Idea for a Universal History", 19, 23.

손의 메커니즘에 제한되는 것이 아니라고 주장한다. 오히려 그에 따르면 칸트는 "규범들의 점증하는 확산의 추세가 왜 민주주의 국가의 경계에서 멈춰야만 하는지에 대한 이유를 알지 못한다"는 것이다. 시더만이 쓰고 있듯이, 일단 "규범적인 진보의 길이 열리고 나면, 법칙의 지배는 국가 간의 관계에 영향을 미치게 되고", 이것은 위협이나 폭력적 대립에 의존하는 경향을 제거하거나 최소한 축소시키게 된다.[33] 이러한 점에서, 칸트는 국내적 수준에서 수행되는 정치의 본성이 국제적 수준에서 국가들이 정치 행위를 하는 방식을 결정하는 핵심 요인이라고 보는 자유주의적인 국제주의적 논변의 한 중요한 원천이다.[34] 칸트의 말로 표현하자면, "국가에서 더 많은 선행이 생기고 소송이 줄어들면, 결국 이것은 상호간에 외적 관계에 있는 국가들에게로 확대될 것이고 그리하여 마침내 세계시민적 사회의 실현에 이르게 될 것이다".[35] 게다가, 사회에서 인간들 사이의 "항쟁", 또는 칸

---

33 Lars-Erik Cederman, "Back to Kant: Reinterpreting the Democratic Peace as a Macrohistorical Learning Process", *American Political Science Review* 95, no. 1 (2001), 16-17.

34 Andrew Moravcsik, "Taking Preferences Seriously: A Liberal Theory of International Politics", *International Organization* 51, no. 4 (1997), 513-33 참조. 이와 유사한 입장으로는 Boutros Boutros-Ghali, *Agenda for Peace* (New York: Oxford University Press, 1995); Commission on Global Governance, *Our Global Neighborhood* (New York: Oxford University Press, 1995); Gareth Evans, *Cooperating for Peace* (St. Leonards: Unwin and Hyman, 1993) 참조. 이 모든 글들은 "국내적 사안에 대한 보다 큰 개입을 정당화하기 위해 국내적 질서와 국제적 질서 사이에 모종의 연관성이" 있음을 가정한다. Michael N. Barnett, "Bringing in the New World Order: Liberalism, Legitimacy, and the United Nations", *World Politics* 49, no. 4 (1997), 536.

35 Immanuel Kant, "An Old Question Raised Again: Is the Human Race Constantly Progressing? [1798]", in *Kant On History*, ed. Lewis White Beck (Indianapolis: Bobbs-

트가 이들의 "반사회적 사회성"이라고 부르는 것이 "결국 인간들 사이의 법칙적인 질서를 낳는 원인이 되는"[36] 것과 마찬가지로, 브루스 버컨(Bruce Buchan)은 이와 유사한 방식으로 "칸트에게 있어, 국제적인 자연 상태에서 국가들 사이의 상호 적대적인 관계는 문명화 과정을 전 지구적 차원으로 밀어붙이는 결과를 낳는 것"이라고 주장한다.[37]

상업과 평화

문명적 속성들인 상업과 경제적 상호의존에 대해 말하자면, 오래 전부터 이런 경제적 활동들은 평화롭고, 상호 연결된 세계의 한 필수적 요소로 간주되어 왔다. 예를 들어 대략 예수의 탄생 시기쯤 알렉산드리아의 필로(Philo of Alexandria)는 상업이 "사회적 관계를 유지하려는 자연적 욕망"의 표현이라고 주장한 바 있으며, 1세기의 역사가 루키우스 안나이우스 플로루스(Lucius Annaeus Florus)는 "만약 당신이 상업을 없앤다면, 인류를 묶어 주는 유대를 떼어놓는 게 될 것"이라고 역설했다.[38] 이와 유사하게 몽테스키외는 『법의 정신』(*The Spirit of the*

Merrill, 1963), 151.

36 Kant, "Idea for a Universal History", 15.

37 Bruce Buchan, "Explaining War and Peace: Kant and Liberal IR Theory", *Alternatives: Global, Local, Political* 27, no. 4 (2002), 414.

38 Anthony Pagden, "Stoicism, Cosmopolitanism, and the Legacy of European Imperialism", *Constellation* 7, no. 1 (2000), 8.

Laws)에서 상업이 "민족들을 결합시키며 평화는 교역의 자연적 효과이다. 서로 교역을 행하는 두 민족들은 서로 의존적이 된다"고 주장했다. 더 나아가 그는 "상업이 편견의 가장 파괴적인 힘에 대한 치유책이며, [...] 그렇다 할 때 우리의 예절이 이제 그전보다 덜 야만적이 된 것에 대해 놀라지 말지어다."라고 덧붙이고 있다.[39] 보다 근래에 데이비드 리카도(David Ricardo)는 국가들 간의 "완전히 자유로운 상업 체계에서는 개인의 이익 추구가 경탄스럽게도 전체의 보편적 선(善)과 결합된다"고 주장했다. 그리하여, "상업은 일반적 이익을 널리 퍼뜨리고, 이해관계와 교류의 하나의 공통된 유대에 의해 문명화된 세계 전체에 걸쳐 국가들의 보편적 사회를 함께 묶어 준다"는 것이다.[40]

칸트에게 상업과 평화 간의 연결고리는 "상업의 정신"이라는 말로 설명될 수 있는데, 이것은 "전쟁과 양립불가능하며, 조만간 그러한 정신은 모든 국가를 장악하게 된다". 왜 그런가? 왜냐하면 여타의 불확실성에도 불구하고, "돈의 힘이야말로 국가 권력 아래에 포함되어 있는 모든 권력들(수단들) 중에서 아마도 가장 믿을 만한 것이기 때문이다". 그렇기에 상업이 계약에 참여하는 어느 쪽을 위해서도 유익하다고 생각된다면, 지속적인 경제적 번영이라는 명목으로, "국가들은 그 어떤 도덕적 욕구 없이도 고귀한 평화를 촉진시키고, — 전쟁 발발의 위협이 있는 곳이 어디든지 간에 — 중재를 통해 전쟁을

---

39 Montesquieu, *The Spirit of the Laws*, trans. Thomas Nugent (New York: Hafner Publishing Company, [1748] 1949), 316, Book XX.

40 David Ricardo, *Principles of Political Economy and Taxation*, ed. E. C. K. Gonner (London: George Bell and Sons, 1891), 114.

막지 않을 수 없게 된다".[41] 상업, 민주주의, 평화의 연계는 좀 더 최근에는 "발전된 시장 경제에 고유한 계약 규범들"에서 유래하는 평화 애호적인 "민주적 가치들"이란 말로 제시되어 오기도 했다.[42] 그러나, 후속하는 장들에서 강조될 것이듯이, 문명화된 민주주의 국가들이 반드시 본래 평화적인 것은 아니다. 상업이 상호의존을 촉진하고 전쟁에의 의존 가능성을 축소시킨다는 논리와는 대조를 이루는 것으로서 내가 다른 곳에서 지적했듯이, 스페인인들은 합법적인 것으로 가정된 무역의 권리가 침해당한 것을 신세계의 아메리카 원주민과의 전쟁 수행에 대한 정당화로서 이용했다.[43]

유사한 방식으로, 레닌은 "일반적으로 말해서 절대적으로 모든 사람은 평화를 지지한다. 키치너(Kitchener), 조프르(Joffre), 힌덴부르크(Hindenburg), 니콜라이 2세(Nicholas the Bloody)를 포함해서 말이다. 왜냐하면 이들 **모두** 전쟁을 종식시키기를 원하기 때문이다."라고 말했다.[44] 그러나, 카(E. H. Carr)가 레닌의 말에 대해 논평했듯이, "평화는 그 자체로는 무의미한 목표이다". 카는 평화가 왜 정책이 아닌지를 설명하면서 다음과 같이 지적했다. "제1차 세계대전 후 15년 동안(아마도 이탈리아를 제외하고) 모든 열강들은 반복해서 평화가 정책의

41 Kant, "Perpetual Peace", 114.

42 Michael Mosseau, "Market prosperity, Democratic Consolidation, and Democratic Peace", *Journal of Conflict Resolution* 44, no. 4 (2000), 472-507.

43 Brett Bowden, *The Empire of Civilization: The Evolution of an Imperial Idea* (Chicago and London: University of Chicago Press, 2009).

44 V. I. Lenin, "The Peace Questions" in *Collected Works/The Imperialist War: The Struggle Against Social Chauvinism and Social Pacifism*, trans. Moissaye J. Olcin, ed. Alexander Trachtenberg (International Publishers Co., 1930), 264 [264-8]; 강조는 원저자.

주된 목표들 중 하나라고 선언함으로써 그들의 노선에 대해 입에 발린 말을 해왔다."[45] 계속된 그의 주장에 따르면, "평화에 대한 공통된 관심은 어떤 국가들은 전쟁을 할 필요 없이 **현재 상태**(*status quo*)를 유지하기를 원하는 반면, 다른 나라들은 전쟁을 하지 않고 **현재 상태**를 변화시키고자 한다는 사실을 은폐한다". 더욱이

> 평화가 전 세계에 이익이며 그것이 동시에 개별 국가들에게도 이익이라는 유토피아적 가정은 **현재 상태**의 유지를 바라는 국가들과 이를 변경시키려는 국가들 사이에 근본적인 이해관계의 차이가 있다는 불쾌한 사실을 회피할 수 있는 명분을 정치가들에게 그리고 정치 평론가들에게 제공했던 것이다.[46]

---

45 E. H. Carr, T*he twenty Years' Crisis, 1919-1939*, second edition (London: Macmillan, 1954), 52. 여기서 카는 다음과 같이 인용하고 있다. "평화가 지배해야 하며, 모든 것에 우선해야 합니다"(Briand, League of Nations: Ninth Assembly, 83). "평화의 유지가 영국 외교정책의 첫째가는 목표입니다"(Eden, Leage of Nations: Ninth Assembly, 106). "평화는 우리의 가장 귀중한 보물입니다"(Hitler, 1937년 1월 30일 독일제국 의회 연설, The Times, 1937년 2월 1일자 보도). "소련의 세계 정책의 주된 목표는 평화의 보존입니다"[Chicherin in *The Soviet Union and Peace* (1929), 249]. "아무리 반대되는 선전을 해댄다 해도, 일본의 목표는 평화입니다"(Matsuoka, League of Nations: Special Assembly, 1932-33, iii, 73). 카는 같은 곳에서 다음과 같은 지적도 하고 있다. "이탈리아 쪽에서는 평화를 지지하는 성명이 적게 나왔는데, 이것은 아마도 이탈리아 군대가 전투 부대로서 보잘 것 없는 명성을 지녔다는 사실로부터 설명될 수 있을 것이다. 즉 무솔리니는 평화에 대한 선호를 지나치게 강조하는 것은 이탈리아가 전쟁을 할 용기가 없다는 것을 인정하는 꼴이 되어버릴까 우려했던 것이다."

46 E. H. Carr, *The twenty Years' Crisis*, 52-3.

결론

확실히, 아직 평화가 전 세계에 걸쳐 실현된 것은 아니다. 그러나 문명화되고, 세계화된, 자유롭고 세계시민주의적인 세계 질서를 수립하기 위해 협력하고 결속하는, 상당히 동질적인 자유민주주의적 국가들의 모임인 국제 사회의 발전 및 확장은 일반적 목표로 남아 있다.[47] 자유주의적/민주적 평화론은 바로 그러한 세계 질서의 추구에서 커다란 영향력을 행사해 왔기 때문에, 대외정책이나 국내정책 결정에 그리고 보다 일반적으로는 국제적인 공공 정책 수립에 깊이 연관되어 있다.[48] 예컨대, 학문적인 이론화의 영역을 넘어서는 그것의 영향력은 『평화를 위한 과제』(*An Agenda for Peace*)에서 볼 수 있는데, 여기서 당시 유엔 사무총장 부트로스 부트로스-갈리(Boutros Boutros-Ghali)는 "모든 수준에서 민주주의는 번영과 정의의 새 시대를 여는 평화를 달성하기 위해 필수적"이라고 강조했다.[49] 프리덤 하우스가 21세기를

---

47 Mehdi Mozaffari, "The Transformationalist Perspective and the Rise of a Global Standard of Civilization", *International Relations of the Asia-Pacific* 1, no. 2 (2001), 247-64.

48 예를 들어, 미국의 국무장관이었던 콘돌리자 라이스(Condoleezza Rice)의 다음과 같은 글을 보시오. "The Promise of Democratic Peace: Why Promoting Freedom Is the Only Realistic Path to Security", *Washington Post*, December, 11, 2005, B07.

49 Boutros-Ghali, *An Agenda for Peace*, 47. 의미심장하게도, 민주주의의 촉진은 미국 행정부가 계속 견지한 공식적 원칙이었다. 1982년 미 대통령 로널드 레이건은 영국 의회 앞에서 "민주주의 발전을 위한 전 지구적 캠페인"을 선언하였다. 이 정책은 조지 부시 시니어(Senior)의 행정부로 이어졌고, 1992년 선거운동 동안에 그리고 당선된 후에도 빌 클린턴에 의해 다시 천명되었다. 이 정책은 조지 W. 부시 행정부에 의해 아프가니스탄, 이라크와 중동 지역에서 폭넓게 촉진되었고, 오바마 행정부에 의해서도 대체로 계속 수행되었다. 레이건의 연설에 대해서는 *New York Times*, June

"민주주의의 세기"라고[50] 묘사했다는 점을 보면, 그리고 민주주의의 확산 비율을 고려해 볼 때, 도일이 칸트적인 사고를 좇아 말한 대로 "전 지구적인 평화가 빠르면 2113년에는 달성될 것으로 기대됨직하다".[51] 그러나 다음 장에서 설명되듯이, 21세기는 또한 인간의 역사에서 가장 유혈이 낭자했으며, 가장 폭력적이었을 뿐 아니라 전쟁에 시달렸던 세기였다. 이러한 사태는 다음과 같은 매우 중요한 질문을 제기한다. 즉 이것은 자유주의적/민주적 평화가 달성되기 전에 우리가 견뎌내야만 하는 문명화의 폭풍인가? 아니면 이것은 전적으로 다른 결론을 암시하는가?

9, 1982 참조; 조지 부시 시니어의 발언과 관련해서는 Bruce Russett, *Grasping the Democratic Peace* (Princeton, NJ: Princeton University Press, 1993), 127-9 참조; 빌 클린턴의 담화에 대해서는 *New York Times*, August 14, 1992와 1994년 1월 그의 일반 교서 참조.

50 Freedom House, *Democracy's Century: A Survey of Global Political Change in the 20th Century* (New York: Freedom House, 1999).

51 Doyle, "Kant, Liberal Legacies, and Foreign Affairs, Part 2", 352.

3. 문명과 전쟁

우리의 직감은 아마도 시간이 지나면서 우리가 더욱 문명화될수록, 또는 우리가 짐승 같은 자연 상태로부터 점점 진보할수록, 폭력적이고 피비린내 나는 무력 분쟁의 현실은 확실히 점점 더 혐오스럽고 못마땅한 것이 되며, 거의 어떤 수를 써서라도 회피되어야 할 것이 된다고 말해줄 것이다. 사실상, 이러한 생각은 우리가 홉스로부터 얻은 핵심 교훈들 중 하나이다. 그는 모든 사람이 모두에 대하여 적이며 반드시 모두와 지속적으로 전쟁을 벌이는 것은 아닐지라도 최소한 그렇게 할 준비가 되어 있거나 준비를 하는 그런 자연 상태에서의 삶의 불확실성과 덧없음에 대해 말했다.[1] 다른 한편, 루소는 자연 상태가 대체로 동료 인간들과 또 좀 더 일반적으로는 자연 세계와 조화롭게 사는 고결한 미개인들의 놀이터였다고 주장했다. 그렇지만 바로 문명의 도래 때문에 이 에덴동산은 전쟁 및 문명화된 근대성과 관련된 다른 악덕들에 의해 침해받게 되었다는 것이다. 이에 대해 그는 다음과 같이 웅변적으로 쓰고 있다. "한 조각의 땅에 울타리를 치고 이건 '**내 땅이다**'라고 선언했으며, 이 말을 그대로 믿을 만큼 사람들이 충분히 소박하다는 것을 알아챈 최초의 사람이 바로 시민사회의 진정한 창시자였다. 말뚝을 뽑고 도랑을 메우며 동료들에게 '저 사기꾼을 조심하세요. 과실은 우리 모두의 것이며 이 대지는 그 누구에게도 속한 것이 아니에요. 이걸 잊는다면 여러분은 망하는 겁니다'라고 외치는 사람이 있었다면, 인간은 얼마나 많은 범죄와 전쟁과 살인, 얼

1 Thomas Hobbes, *Leviathan*, ed. C. B. Macpherson (Harmondsworth: Penguin, [1651] 1985), 186-8. 또한 Konrad Lorenz, *On Agression* (New York: MJF Books, 1966) 참조.

마나 많은 비참과 공포로부터 벗어날 수 있었겠는가."[2] 이렇듯 극단적으로 상이한 관점들을 염두에 두고, 지난 200만 년 동안에 걸쳐 — 이 기간은 사실상 인간 문명의 시기 전체이고 아니면 인간에 대한 여러분의 정의에 따라 그 일부에 해당하기도 할 텐데 — 인간 사이에 벌어진 전쟁의 기원과 진화에 대해 심도 있게 연구한 아자 가트(Azar Gat)는 『인류 문명에서의 전쟁』(*War in Human Civilization*)에서 이 두 관점 중에 "홉스가 진실에 훨씬 가까웠다"고 주장한다.[3]

복합체로서의 전쟁

이와 같은 결론은 무력 충돌이 점점 더 드물어지는 — 늘 질서 있고 평화로운 — 문명화된 국제 사회라는 것을 이론적으로 뒷받침해 주는 문명의 전파에 관한 가정들과 상당히 잘 어울린다. 그러나 문명과 전쟁의 연관관계는 실제로는 이와 정반대의 방향을 지니는 것이 아닐까? 또는 여기에 그 이상의 어떤 것이 있는 게 아닐까? 문명과 전쟁은 공통의 유산을 가지고 있다는, 즉 "문명의 요람은 또한 전쟁의 요람이기도 하다"는 마이스트리치의 견해는 여기에 좀 더 복합적인 관계가 존재한다는 것을 알려주는 것 같다. 그가 설명해 주고 있듯이, "전쟁은 오직 문명만이 제공할 수 있는 대량의 자원과 조직을 요

2 Jean-Jacques Rousseau, "Discourse on the Origin and the Foundation of Inequality Among Men", in *The Discourses and other Early Political Writings*, ed. and trans. Victor Gourevitch (Cambridge: Cambridge University Press, [1755] 1997), 161 참조; 강조는 원저자.

3 Azar Gat, *War in Human Civilization* (Oxford: Oxford University Press, 2006), 663.

구하며, 인간이 문명의 최초의 열매를 수확했던 비옥한 대지가 동시에 전쟁의 씨앗을 키우기도 했던 것이다".[4] 해리 홀버트 터니-하이(Harry Holbert Turney-High) 역시 『원시 전쟁』(*Primitive War*)에서 유사한 논점을 설파한다. 즉 "복합체로서의 전쟁이란 것은 여타의 사회적 조직화 패턴과도 잘 맞는다".[5] 전쟁 수행에서의 조직화와 사회적 응집성의 중요성은 밀(J. S. Mill)에 의해 강조되기도 했는데, 그는 다음과 같이 주장한다. "미개한 공동체에서 개인들은 각자 이동한다. 전쟁 상태를 제외하고는 (이때에도 매우 불완전하기는 하지만) 우리는 이들이 연합체를 형성함으로써 공동의 협력 작업을 수행하는 것을 거의 볼 수 없다." 그에 따르면, 문명화되지 않은 사람들은 "협동에 기초한 통일적인 행동을 하지 못하는데" 전쟁에서만큼 협동의 능력이 중요한 때란 없는 것이다.

> 야만인들에게 가장 심각한 사태인 전쟁을 한번 보라. 저급한 민족 또는 반쯤 문명화되어 노예화된 민족들이 문명화된 민족과의 전투에서 — 마라톤 전투 이래로 — 어떤 모습을 보였는지 한번 보라. 어째서 그렇게 되었는가? 그것은 규율이 수효보다 더욱 중요하기 때문이다. 규율, 다시 말해서 완전한 협동이야말로 문명의 한 속성인 것이다.[6]

---

4 Ira Meistrich, "War's Cradle: the Birthplace of Civilization is also the Home of Culture's Nemesis", *MHQ: The Quarterly Journal of Military History* 17, no. 3 (2005), 85.

5 Harry Holbert Turney-High, *Primitive War: Its Practice and Concepts*, second edition (Colombia, SC: University of South Carolina Press, 1971), 23.

6 John Stuart Mill, "Civilization", in *Essays on Politics and Culture*, ed. Gertrude

이러한 설명에는 다음과 같은 가능성, 즉 우리의 세계에서 덜 문명화되었다고 가정된 민족들은 그들이 — 루소가 시사했던 것처럼 그리고 킬리가 이에 대해 반증했던 것처럼 — 오랫동안 평화상태에 있었고 전쟁과 무력 충돌을 혐오하기 때문에, 그런 상황에 익숙지 않아서 전쟁 수행에 있어 무능하고 비효율적일 가능성이 숨겨져 있다.[7]

밀이 제시하는 바와 같은 논리에 따르면, 오직 문명화된 사회만이 효율적이고 효과적으로 전쟁을 수행할 수 있는 조직화와 전문적인 계층화를 실현하고 있다. 토인비가 설명하듯이, "전쟁 수행의 가능성은 최소한의 기술과 조직 그리고 가장 기본적인 생존을 위해 필요한 것 이상의 잉여 자산을 전제한다".[8] 동시에, 다소 기이할지 모르나, 전쟁을 감행하는 것은 아주 중요한 기개를 보여 주는 것으로서, 이에 힘입어 문명의 진주가 자라나고 광택을 얻는다고 생각되기도 한다. 예컨대, 영국의 인류학자 로버트 마렛(Robert R. Marrett)은 20세기 초에 "진화의 특정 단계에서 — 말하자면 중간 단계에서 — 전쟁이 문명화의 주된 담당자라는 것은 인류학에서는 아주 평범한 얘기"라고 주장했다.[9] 라이트 역시 그의 『전쟁의 연구』에서 "원시 사회의 전쟁은 문명을 발전시키는 주된 요소였다"고 역설하면서 이와 유사한 결론을 제시한다. "전쟁은 용기, 충성, 복종이라는 덕목을 함양했

Himmelfarb (Garden City, NY: Doubleday & Company, 1962), 122.

7 Lawrence H. Keeley, *War before Civilization: The Myth of the Peaceful Savage* (New York Oxford Press, 1966).

8 Arnold J. Toynbee, *War and Civilization*, selected by A. V. Fowler from *A Study of History* (London: Oxford University Press, 1951), viii.

9 R. R. Marrett, *Psychology and Folklore* (London: Methuen & Co, 1920), 36.

으며, 견고한 집단들을 만들어 냈고 이들의 영역을 확장하는 방법을 개발하였다."[10] 에크하르트는 자신의 연구를 근거로 또한 라이트의 자료에 대한 자신의 분석 그리고 톰 브로흐(Tom Broch)와 요한 갈퉁(Johan Galtung)의 심층 연구 및 분석에[11] 입각하여 "인류학적 증거는 원시 전쟁이 인간의 본능이나 본성의 기능이라기보다는 인간적 발전의 기능을 했다"는 사실을 지시한다고 주장한다. 나아가 그에 따르면, "땅이 우리에게 중요한 것이 되고, 그렇기 때문에 싸워서 지킬 만한 가치가 있는 어떤 것이 된 때는 우리가 농경과 집단 주거 생활에 정착하고 난 이후였다".[12] 그리하여 그는 홉스가 사회 계약에 기초하는 문명화된 사회의 과정과 결과를 설명하는 것과 매우 유사하게 다음과 같이 지적한다.

> 농업 혁명은 잉여 농산물을 활용할 수 있게 했고, 이것은 인간으로 하여금 생존의 수준을 넘어 삶을 영위하도록 인도하여, 그 잉여가 어떤 이들이 다른 이들을 지배할 수 있도록 하는 데에, 예술, 종교, 문학에 종사하는 데에, 문명의 이득을 다른 이들에게 전파하기 위해 전쟁을 수행하거나 다른 이들이 문명화 과정의 비용을 지불하도록

---

10 Quincy Wright, *A Study of War*, second edition (Chicago and London: University of Chicago Press 1965), 98-9.

11 Wright, *A Study of War*; Tom Broch and Johan Galtung, "Belligerence among the Primitives: A Re-analysis of Quincy Wright's Data", *Journal of Peace Research* 3, no. 1 (1966), 33-45; William Eckhardt, "Primitive Militarism", *Journal of Peace Research* 12, no. 1 (1975), 55-62.

12 William Eckhardt, "Civilization, Empires, and Wars", *Journal of Peace Research* 27, no. 1 (1990), 9.

> 하는 데에, 또는 문명으로 가는 지름길을 취하려 할 수도 있는 이들로부터 스스로를 지키는 데에 사용될 수 있도록 만들었다.[13]

이러한 지적은 문명화된 사회와 평화로 향하는 성향 사이에 직접적인 상관관계가 있다는 주장과는 전혀 다른 문명(또는 문명화 과정)과 전쟁 사이의 관계를 시사한다. 그러니까 이것은 앞서의 주장과는 반대로, "어떤 종족이든 문명화되면 될수록, 우리는 그들이 더욱 호전적일 거라는 기대를 할 수도 있다"는[14] 주장이 되고 있는 것이다. 이를 약간 달리 말하자면, 라이트의 언급처럼, "호전적인 민족들로부터 문명이 일어났고, 평화로운 채집자나 사냥꾼들은 세상 끝으로 밀려났던 것이다".[15] 그는 여기서 더 나아가 다음과 같이 역설하고 있다. "원시 사회가 문명을 향해 발전함에 따라 전쟁은 다른 성격을 띠기 시작했다. 문명은 호전성의 한 결과이자 동시에 한 원인이다."[16] 전쟁을 "조직화되고 훈련된 종족들이 서로를 살해하고, 부상을 입히고, 포획하는 일련의 희생을 치르며 벌이는 무력 충돌로, 그리고 여기에는 하나 또는 그 이상의 정부가 관여하며 어느 정도 최소한의 사망자를 발생시키는 — 이 점에 대해서는 좀처럼 동의하기 어렵겠지만 — 일"로 정의하면서, 에크하르트는 라이트와 유사한 주장을 펴고 있다. "전쟁은 실제로 대략 5천 년 전 문명의 출현 이후에야 비로소 그것의

13 William Eckhardt, "Civilization, Empires, and Wars", 10-11.

14 William Eckhardt, "Civilization, Empires, and Wars", 15.

15 Wright, *A Study of War*, 100.

16 Wright, *A Study of War*, 99.

진면목을 보여주었다"는 것이다.[17] 라이트를 따르면서 에크하르트는 그 본질에서 보아 "전쟁과 문명은 — 어떤 것이 먼저 발생했건 간에 — 이를테면 긍정적인 피드백 회로에서 서로를 촉진시켜 한쪽이 활발해지면 다른 쪽도 역시 활발해지고, 한쪽이 축소되면 다른 쪽도 역시 축소되는 결과를 낳았다."라고 결론을 내린다.[18] 이러한 동시적인 문명화의 악순환이 "더욱 발전된 사회일수록 더 많은 전쟁을 벌였다"는 에크하르트의 "변증법적인 전쟁 진화론"의 기초를 이룬다. 더욱이 그의 흥미로운 서술에 따르면, "문명화된 민족들은 마치 오리들이 물에 뛰어들 듯 전쟁에 뛰어들었으며, 그들의 예술과 역사적 기록이 보여주는 것으로 판단하건대, 전쟁은 역사상 문명의 발흥과 몰락에서 산파이자 동시에 장의사의 역할을 수행하였다"는 것이다.[19]

숫자로 본 전쟁

이러한 전반적인 논지에 대한 증거는 전쟁에 관련된 죽음에 대한 통계자료의 형식으로 존재한다. 라이트는 1480년부터 1941년까지 벌어진 278회의 전쟁에 대한 상세한 분석과 1945년부터 1964년까지의 30회에 달하는 "교전"에 대한 분석을 포함하는 기념비적 연구에 기초하여 "근대 문명에서 사망의 적어도 10퍼센트는 직접적으로든 간

17 Eckhardt, "Civilization, Empires, and Wars", 9, 10.
18 Eckhardt, "Civilization, Empires, and Wars", 14.
19 Eckhardt, "Civilization, Empires, and Wars", 9-11.

접적으로든 전쟁으로 인한 것"이라고 주장한다. 뿐만 아니라, 일반적인 "인명 손실"이라는 점에서 보아, "전쟁의 경향은 — 절대적으로도 또한 인구에 비례해서도 — 점점 커다란 희생을 치르는 쪽으로 나아갔다"는 것이다.[20] 한편 에크하르트는 자신의 광범한 연구 및 기존의 분석들에 의거하여 이것이 특별히 실제보다는 적게 잡은 추산이라고 간주하면서, "우리가 전쟁이 문명의 기능 중 일부임을 받아들인다면, 문명은 20세기에 발생한 죽음의 3분의 1에 대해서 책임이 있다"는 주장을 편다.[21] 그는 전쟁을 "최소한 하나의 정부가 관여하고, 민간인과 군인을 합해 적어도 연간 1,000명의 사망자를 낳는 무력 충돌"로 정의하면서 기원전 3000년 이래로 전쟁과 연관된 사망에 대해 연구했는데, 그의 추산에 따르면 이 기간에 적어도 1억 5천만 명의 전쟁 관련 사망자가 발생했다.[22] 50세기를 거치는 동안에 발생한 이 1억 5천만 명의 전쟁 관련 사망자 중 대략 96퍼센트에 달하는 수가 지난 5세기 동안에 사망했으며, 20세기에만 이 전체 사망자 수의 73퍼센트 이상이 목숨을 잃었다. 이에 비해 19세기의 사망자 비율은 12.8퍼센트, 17·8세기의 사망자 비율은 8.7퍼센트에 달한다. 그 외에 16세기만 사밍자의 비율이 1퍼센트를 넘어가며 다른 세기들은 겨우 1퍼센트 정도에 그치고 있다.[23] 이 피비린내 나는 20세기의 첫 80년 동안

20 Wright, *A Study of War*, 246-7.

21 Eckhardt, "Civilization, Empires, and Wars", 15.

22 William Eckhardt, "War-related Deaths Since 3000 BC", *Bulletin of Peace Proposals* 22, no. 4 (1991), 437.

23 Eckhardt, "War-related Deaths Since 3000 BC", 438-9. 에크하르트는 다음에 소개되는 책의 부록 B에서 상세한 자료와 더욱 심층적인 분석을 제시하고 있다. William Eckhardt, *Civilization, Empires, and Wars: Quantitative History of War* (Jefferson, NC and

에 전쟁으로 인해 대략 8,800만 명의 조기 사망자가 발생했는데, 이것은 이 기간에 살았던 총 인구의 1.4 내지는 1.5퍼센트에 달하는 숫자로 추산된다.[24]

바로 앞의 장에서 20세기가 "민주주의의 세기"로 특징지어지고, 19세기와 20세기가 함께 "인간 사이의 관계에서 인도적이고 문명화된 성격이 증가"한 것을 기반으로 이루어진, "안정되고 평화로운 국제 질서를 수립하려는 시도들"의[25] 고향으로 칭송되었던 점을 상기해 볼 때, 이런 전시 사망자 통계는 그와는 상당히 다른 모습을 보여주고 있다. 우리가 정의상의 기준을 약간 확대해서 정치적 동기가 부여된 목적으로 인해 고의적으로 살해된 경우까지 포함시킨다고 할 때, 브레진스키는 20세기 — 또는 그가 칭하는 대로 하자면 — "대량 사망의 세기"가 낳은 사망자의 수는 1억 6,700만에서 1억 7,500만 사이의 어딘가에 이른다.[26] 지금까지로 보자면, 21세기의 첫 10년 정도 되는 기간에 300만에서 500만 사이쯤 되는 전사자 내지는 분쟁 관련 사망자가 발생했다.[27] 여기서 핵심적인 질문은 이것이다. 20세기는

London: McFarland & Company, 1992), 220-77.

24 Arthur H. Westing, "War as a Human Endeavor: The High Fatality Wars of the Twentieth Century", *Journal of Peace Research* 19, no. 3 (1982), 263.

25 Hans J. Morgenthau, *Politics among Nations: The Struggle for Power and Peace*, fourth edition (New York: Alfred A. Knopf, 1967), 374.

26 Zbigniew Brzezinski, *Out of Control: Global Turmoil on the Eve of the 21st Century* (New York: Touchstone, 1995). 또한 R. J. Rummel, *Death by Government* (New Brunswick, NJ: Transaction Publishers, 1994) 참조.

27 이러한 일은 주로 아프가니스탄, 이라크, 수단의 다르푸르(Darfur) 지역, 콩고 공화국, 시리아에서 일어났다. 〈http://necrometrics.com/20c1m.htm; http://www.iraqbodycount.org/; http://icasulties.org/oef/〉.

전쟁과 관련된 사망이라는 점에서 일종의 일탈에 해당하는 것일까? 아니면 그것은 점증하는 전쟁 사망자라는 경향의 지속인가? 1910년에 누가 20세기에 벌어질 그토록 잔인하고 피비린내 나는 결과를 예견할 수 있었을 것인가? 그렇지만 그 다음 90년은 이렇듯 믿을 수 없는 이야기를 이해하는 데 도움을 줄 사건들이 일어났던 것이다.

에크하르트는 그의 연구에 기초해서 "우리는 어쩌면 전쟁 관련 사망자가 지난 50세기에 걸쳐 꾸준히 증가해 왔다고 결론을 내려야 할지도 모른다"고 쓰고 있다. 그리고 그는 다음과 같이 덧붙인다. "인구 증가만으로는 지난 50세기에 거친 전쟁 관련 사망자의 증가를 설명할 수 없을 것이다." 왜냐하면 "전쟁 관련 사망자는 인구 증가보다 현저히 빠르게 증가했기 때문이다". 게다가 "이 세기들 동안에 전쟁 관련 사망자의 증가는 전쟁의 빈도가 증가했다는 사실만으로도 설명될 수 없을 터인데, 왜냐하면 전쟁 관련 사망자가 전쟁 빈도보다 빠른 속도로 증가했기 때문이다". 본질적인 면에서 보면, "대체로는 인구당 사망자 수와 전쟁당 사망자 수 모두가 20세기에 놀라운 정점에 이르기까지 그 전 4세기 동안에 상당히 극적으로 증가하였다.[28] 사회가 더욱 문명화되면 될수록 전쟁을 점점 더 혐오하게 된다는 주장을 따른다면, 우리는 아마도 전쟁 관련 사망자 발생 수치가 이 세계에서 덜 문명화되었다고 간주되는 지역에서 더 높을 것이라고 기대하게 될 것이다. 그러나 실제로는 그 반대 주장과 궤를 같이하여, 기원전 3000년 이후로 모든 전쟁과 주된 전투의 단지 약 절반만이 유럽

28 Eckhardt, "War-related Deaths Since 3000 BC", 439-40.

지역에서 발발한 반면, 근대에 들어와서는 유럽이 모든 전쟁 관련 사망의 대략 65퍼센트를 차지한다.[29] 특히 계몽주의 이래로 인간 역사에서 가장 난폭하고 피비린내 나는 시간과 공간이 되었던 곳은 근대적 유럽, 즉 자유 문명의 횃불이자 민주주의의 발원지이기도 한 유럽이었다.

제임스 보스웰(James Boswell)은 1777년의 에세이 "전쟁에 관하여"에서 "우리는 얼마나 오랫동안 전쟁이 계속해서 치러질 것인지를 추측할 수단이 없다"고 쓴 바 있다. 또 그는 "문명이 전쟁을 종식시킬 것이라고 기대된 적도 있었지만, 문명은 그 야만적인 무지막지함을 발전시켰을 뿐이다. 비합리성은 사라지지 않았고, **우리는 방법적으로 계획을 세워 엉뚱한 짓을 벌이는 것**을 배웠을 뿐이다."라고 덧붙였다.[30] 실제로, 문명은 전쟁에 대한 해결책이 되거나 전쟁에 대한 반대를 대표하기보다는, 전쟁과 나란히 나아가는 것 같다. 에크하르트가 쓰고 있듯이, "전쟁과 문명은 더불어 나아가며 함께 자라난다". 그가 내세우는 더욱 인상적인 논점은 다음과 같다. "문명이 전쟁을 발생시키는 한에서, 아니 적어도 전쟁의 쓸모를 장려하는 한에서 그리고 전쟁이 결국은 자신의 창조자이자 장려자를 파괴하는 한에서, 문명은 자기 파괴적이며, 자신의 진전을 방해하는 과정이다."[31] 토인비도 이와

---

29 Eckhardt, "War-related Deaths Since 3000 BC", 441.

30 James Boswell, *Boswell's Column: Being his Seventy Contributions to the London Magazine under the pseudonym "The Hypochondriack" from 1777 to 1783 here First Printed in Book Form in England*, introduction and notes Margery Bailey (London: William Kimber, 1951), 35; 강조는 원저자.

31 Eckhardt, "Civilization, Empires, and Wars", 15.

유사한 논점을 지적한 바 있다. 그는 역사적으로 등장한 문명들에 대한 자신의 광범한 연구에서 "전쟁이 실제로 문명의 자식일 수는 있지만, 결국 그 자식은 그의 창조자에 대해 특별히 친절하지는 않았다. 왜냐하면 전쟁은 확실히 붕괴했다고 알려진 모든 문명의 몰락을 초래한 가장 가까운 원인임이 증명되었기 때문"이라는 결론을 내리고 있다.[32] 이 같은 언명은 우리를 문명과 전쟁 간의 완전한 순환 구조로 이끌어 간다. 즉, 전쟁 수행은 문명을 발생시키고, 이것은 결과적으로 더 많은 피를 부르면서 더욱 효율적으로 수행되는 전쟁을 촉진하며, 이것은 다시 문명의 종말을 초래한다. 언뜻 보기에, 문명화된 국가들의 국제적 사회에서 영속적인 평화란 이런 등식과는 그다지 잘 어울리지 않아 보인다.

"전쟁은 사실이다"

하워드는 그의 짧은 책 『평화의 고안』(*The Invention of Peace*)을 법학자인 헨리 메인 경의 다음과 같은 말을 인용하면서 시작한다. "전쟁은 인류만큼이나 오래된 것으로 보이지만, 평화는 근대적 고안물이다." 하워드는 이어서 다음과 같이 주장한다. "그가 틀렸다고 말할 만한 근거는 거의 없다. 고고학적, 인류학적 증거뿐만 아니라 오늘날 잔존하는 모든 문서상의 증거들은 전쟁, 즉 조직화된 정치적 공동체 간

---

32 Toynbee, *War and Civilization*, vii, viii.

의 무력 충돌이 인간 역사에서 보편적인 통상적 사태였음을 지시한다."[33] 전쟁이 역사 전체를 통해 인류의 지속적인 동반자였음이 분명해 보이기는 하지만, 현존하는 증거들은 오직 문명의 도래와 더불어 인간 사회가 특히 효율적이고 효과적인 전쟁 수행자가 되었음을 시사한다. 맥아더와 모겐소가 강조한 바 있듯이, 특히 핵무기와 같은 파괴적인 기술의 발전에 의해 전쟁 수행에서의 효율성과 치명적 성격이 증대함에 따라, 평화 추구의 절박성도 커졌다. 하워드의 지적에 따르면, 20세기의 전반부를 망쳐 놓은 피로 뒤덮인 파멸적 전쟁의 후유증 속에서, "계몽주의의 자유주의적 후예들은 20세기의 마지막 10년이 되자 다시 한 번 평화를 건설할 태세를 갖춘 것처럼 보였다. 이제 전망은 과거 그 어느 때보다도 밝아 보였다". 그러나 아마도 생-피에르와 루소는 이를 비웃었을 것인데, 왜냐하면 지금 세계 평화는 과거와 마찬가지로 여전히 요원하기 때문이다. "10년이 다 가기 전에 전반적인 분위기가 달라졌고, 사람들은 새로운 천 년을 희망보다는 걱정을 가지고 맞이해야 했던 것이다."[34] 이것은 이미 2001년 9월 11일에 있었던 극단적인 테러리스트의 공격과 그에 이어 10년 이상을 끌었던 아프가니스탄과 이라크에서의 전쟁 그리고 곧이어 벌어진 북아프리카와 중동에서의 일련의 내전이 일어나기 전에도 그러했다.

서론에서 언급했듯이, 또 한 명의 탁월한 역사가인 슈펭글러는 세계 평화의 전망에 대해 훨씬 더 비관적인 입장을 내놓고 있는데,

---

33 Michael Howard, *The Invention of Peace: Reflections on War and International Order* (London: Profile Books, 2000), 1.

34 Howard, *The Invention of Peace*, 91-2.

이는 한 번 더 인용할 가치가 있다.

> 세계 평화가 도대체 가능할 것인가 하는 문제는 세계사를 잘 아는 사람만이 답할 수 있는 문제다. 그러나 세계사를 잘 안다는 것은 인간이 어떠했고 앞으로도 늘 어떨 것이라는 것을 잘 안다는 말이다. 대부분의 사람들은 결코 이해할 수 없겠지만, 미래의 역사를 그것이 어떻게 전개될 것인지의 관점에서 보는 것과 그것이 어떻게 전개되기를 바란다는 관점에서 보는 것 사이에는 커다란 차이가 있다. 평화는 소망이며, 전쟁은 사실이다. 그리고 역사는 인간의 소망과 이상에 결코 주의를 기울인 법이 없다.[35]

슈펭글러의 비관주의가 반드시 세계 평화는 불가능하다거나 개연성이 없는 꿈에 지나지 않다는 것을 의미하는 것은 아니다. 고고학적, 인류학적 그리고 문서상의 증거들은 정치 공동체 간의 전쟁이 역사를 통해 지속되어 온 사실을 가리킨다고 할 수 있는 반면에, 모든 사람들이 모든 시기에 걸쳐 서로 전쟁을 벌인 것도 아니다. 이것이 말하는 바는 전쟁이 반드시 인간 본성의 압도적인 요소인 것은 아니라는 점이다. 왜냐하면, 기록들은 또한 역사 전체에 걸쳐 정치 공동체들 사이에 협력과 평화도 존재했음을 알려주기 때문이다. 그러나 아직까지는 동시에 모든 민족들 간의 평화, 즉 세계 평화가 이루어진 적은 없다. 그럼에도 불구하고, 전쟁이 모든 참가자에게 끼치는 희

35 Oswald Spengler, "Is World Peace Possible?", in *Selected Essays*, trans. Donald O. White (Chicago: Henry Renery Company, 1967), 205.

생을 생각해 본다면, 어쨌든 적어도 세계 평화는 감탄할 만한 그리고 필연적인 염원으로 남아 있다.

그렇다면, "문명이 점점 더 지구 전체로 퍼져나갈수록 우리는 점점 더 전쟁과 정복이 노예화 및 빈곤과 더불어 사라지는 것을 보게 될 것"이라는[36] 콩도르세의 예측은 전쟁의 종식을 야기하고 평화를 선사한다는 면에서 볼 때 한참 빗나간 것으로 증명되었다. 사실상 그 반대로, 문명의 전파는 — 특히 유럽의 제국주의적 팽창을 통해 — 상당한 정도로 정복 및 전쟁을 동반했던 것이다.[37] 그리하여, 계몽주의 문명의 가치와 원칙들을 중심으로 만들어진 국가들의 세계 사회에서 평화로운 세계 질서의 추구는 지금까지는 대개 반대 효과를 낳는 것으로 증명되었다. 많은 사상가들과 정치가들이 몇 해를 두고 평화는 단지 전쟁의 부재 이상이라는 사실에 동조하는 정서를 표명해 왔지만, 일단 전쟁의 부재는 그 자체로 좋은 시작일 것이다. 그러나 칸트조차도 — 다음과 같은 그의 말을 들어 보면 — 인류가 이 세계에서 전쟁을 몰아내기 위해 요구되는 도덕적 자각의 능력을 갖추고 있느냐에 대해서 상당히 의심을 품었던 것 같다. "우리는 예술과 학문을 통해 높은 정도로 **문화화**되었으며, 각종 사회적 예의범절에 관한 한 — 아마 과도하다고 할 수 있을 정도로 — **문명화**되었다. 그러나 우리 자신이 이미 **도덕적으로 성숙**해져 있다고 간주하기에는 여전

36 Antoine-Nicolas de Condorcet, *Vie de Voltaire*, in Lucien Febvre, "Civilization: Evolution of a Word and a Group of Ideas", in *A New Kind of History: From the Writings of Febvre*, ed. P. Burke, trans. K. Folca (London: Routledge & Kegan Paul, 1973), 257, 주 118.

37 Brett Bowden, *The Empire of Civilization: The Evolution of an Imperial Idea* (Chicago and London: University of Chicago Press, 2009).

히 참으로 많은 것이 부족하다." 이어서 그는 다음과 같은 주장을 하고 있다. "국가들이 모든 힘을 쓸데없이 무력 확장에만 낭비한다면, 도덕적 질서라는 면에서는 아무것도 기대할 게 없다."[38]

결론

우리는 지금껏 문명과 전쟁 간의 관계에 내재하는 본성에 대해 개략적으로 설명했는데, 이러한 설명은 — 많은 이들이 생각하기에 — 우리가 문명화된 사회의 붙박이 종신회원으로서 점유했던 안전하고 편안한 공간에 대한 우리의 가정들에 정면으로 배치된다. 그뿐만 아니라 그것은 중요한 함축을 갖는 동시에 심각한 문제를 제기한다. 즉, 이러한 설명은 자유주의적 또는 민주적 평화의 개념들 및 보다 일반적으로는 평화와 갈등 연구들에 대해서 심각한 문제를 제기하고 있는 것이다. 어떤 사람들은 여전히 자유-민주주의 국가들이 평화 지향적이라고 생각할지 모르지만, 이런 국가들이 반드시 본래적으로 평화를 사랑하는 것은 아니다. 심지어 이들이 자신들끼리는 평화적이라는 주장조차도 논란의 여지가 있다. 이러한 주장은 상당한 정도로 민주주의와 전쟁 모두에 대한 다소 모호한 정의들에 의존한다.[39]

---

38 Immanuel Kant, "Idea for a Universal History from a Cosmopolitan Point of View [1784]", in *Kant On History*, ed. Lewis White Beck (Indianapolis: Bobbs-Merrill, 1963), 21; 강조는 원저자.

39 Michael E. Brown, Sean M Lynn-Jones and Steven E, Miller (eds.), *Debating the Democratic Peace: An International Security Reader* (Cambridge, MA and London: MIT

그리고 20세기에 민주주의의 확장이 꾸준히 이루어져 왔다고 할 수 있겠으나, 이와 함께 자유민주주의의 가치와 원칙들이 반드시 수용되었던 것도 아니다. 우리가 공유된 자유민주주의적 가치들의 결과로 전 세계에 등장하게 될 평화를 기대하고자 한다면, 아주 오랫동안 기다릴 수 있어야 할 것이다. 도일이 인정하고 있듯이, 자유민주주의적 국가들은 그들끼리는 평화 지향적 관계를 요구하지만, 그들 "역시" 비-자유민주주의 국가들과 "전쟁을 벌이는 경향이 있다".[40] 그리고 잭 레비 역시 인정하듯이, 그들이 그런 전쟁에 나서게 되면 이들 자유민주주의 국가들은 이를테면 "십자군적인 정신을 받아들이는 경향이 있으며, 종종 특별히 파괴적인 전쟁을 치르면서 이해관계의 충돌을 도덕적 운동으로" 바꿔 놓는다.[41] 그래서 모겐소의 설명과는 반대로, "계몽주의 철학과 자유주의 정치이론이" 전쟁에 적대적인 것은 아니며, 이것들이 — 그가 주장했던 정도만큼 그렇게 — 인간의 생명을 존중했거나 인간의 안녕이라는 대의에 봉사했던 것도 아니었다.[42]

1990년대 중반에, 존 버튼(John Burton)은 "위기에 처한 문명들"

Press, 1996).

40 Michael Doyle, "Liberalism and World Politics", *American Political Science Review* 80, no. 4 (1986), 1151.

41 Jack S. Levy, "Domestic Politics and War", *Journal of Interdisciplinary History* 18, no. 4 (1998), 659.

42 Hans J. Morgenthau, *Politics among Nations*, 374. 또는 Michael Dillon and Jullian Reid, *The Liberal Way of War: Killing to Make Life Live* (London and New York: Routledge, 2009) 참조.

에 관한 글을 쓴 적이 있다.[43] 이 책에서 나의 관심사는 그보다는 문명에 내재하는 문제들에 관한 것이다. 오늘날에 이르기까지 전쟁, 야만적 행위, 그리고 전쟁의 야만성은 문명의 행진이라는 것과 떼어놓기가 사실상 불가능하다. 실제로 전쟁 수행은 문명을 낳고, 문명은 결국 보다 효율적인 전쟁 수행을 촉진시키며, 이는 다시 잠재적으로 문명의 몰락을 초래하는 것이다. 이런 악순환을 가로지르는 동안에, 문명은 이른바 문명화되지 않은 것, 또는 문명에 대한 위협으로 간주된 것을 말살하려고 광분했음이 증명되었다. 그렇게 아프가니스탄에서의 전쟁, 이라크에서의 전쟁, 보다 일반적으로 말해자면, 테러와의 전쟁이 그리고 마약과의 전쟁, 빈곤과의 전쟁이 벌어졌던 것이다. 확실히 여기 어딘가에 교훈이 하나둘쯤은 있을 것이다. 문명과 전쟁과의 관계라는 점에서 에크하르트가 날카롭게 지적하듯이, "우리는 문명 연구를 통해 전쟁에 대해 많은 것을 배울 수 있으며, 전쟁 연구를 통해 문명에 대해 많은 것을 배울 수 있다".[44] 이것이 실제로 그런 것처럼 보인다 하더라도, 문명을 위한 좀 더 밝은 미래가 기약될 수 있으려면, 문명이 전쟁을 동반한다는 결론이 반드시 뒤따라 나와야 할 필요는 없다. 전쟁과 평화 모두와 관련된 유명한 인물들이 촉구했던 것처럼, 문명에 이타주의와 공감의 요소가 더 많이 존재했더라면, 우리 자신과 우리의 세계는 지금까지 오랫동안 그랬던 것보다는 상당히 좀 더 평화로운 상태에 놓여 있을지도 모른다.

43 John W. Burton, "Civilizations in Crisis: From Adversarial to Problem Solving Process", *International Journal of Peace Studies* 1, no. 1 (1996).

44 Eckhardt, "Civilization, Empires, and Wars", 9.

4. 문명과 야만

앞 장에서 논의되었던 바대로, 문명과 전쟁은 공통의 유산을 소유한다고 말할 수 있다. 벤야민은 "야만의 기록이 아닌 문명의 기록이란 존재하지 않는다"고[1] 언명하기도 했다. 이러한 주장은 무력 충돌의 상황이나 전쟁의 현장에 적용될 때 특히 적절한 것으로 여겨진다. 이제 이 장은 문명과 야만이라는 개념들을 특히 전쟁 시기라는 맥락에 위치지우고 설명하고자 한다. 이 장은 6장과 마찬가지로 전쟁에서의 문명화된 행위와 야만적 행위라고 묘사되는 것에 대해, 또는 정당한 전쟁에 관한 그리고 인도주의적 국제법에 관한 문헌에서 **전시 국제법**으로 알려진 것에 대해 좀 더 많은 관심을 기울이고 있다.

서론에서 설명했듯이, 조직화된 인간 역사의 대부분에서 종족들, 사회들 그리고 국가들은 문명의 이상에 접근한 정도에 따라 위계적으로 구분되어 왔다. 가장 진보된 인간 집합체로서의 문명화된 국가들은 이런 문명적 위계질서의 정점에 위치하는 반면, 그것의 반대편에 위치한 사람들은 자연 상태에서 크게 벗어나지 못한 것으로 말해진다. 이런 양 극단 사이에 인간과 사회의 다양한 단계들이 자리하고 있으며, 그러한 위계 어딘가에 미개인들과 덜 발전된 야만인들이 위치한다. 사회-정치적 조직과 자치를 위한 능력과 마찬가지로, 좀 더 일반적으로는 전쟁의 수단과 전쟁에서의 행위도 문명을 형성하거나 문명의 부재를 판별하는 핵심 요인으로 간주되어 왔다. 한나 아렌트(Hannah Arendt)가 설명하듯이, "국제법은 그것이 전쟁이라는 조건에서조차도 국제관계의 초석으로 남아 있는 한에서 문명화된 세계를

1 Walter Benjamin, *Illuminations*, ed. Hannah Arendt (New York: Schocken Books, 1969), 256.

구성하는 요소가 된다".[2] 이와 유사하게, 게리트 공(Gerrit Gong)은 "문명화된 국가는 전쟁관련 법들을 포함하여 일반적으로 인정되는 국제법을 준수한다"고 지적한다.[3] 그 본성상 미개인과 야만인들은 그런 법들을 준수할 능력이 없는 것으로 여겨진다. 후속하는 장에서 논의되듯이, 이런 식의 사고 경향은 테러리스트의 위협이 증가하는 상황에서도 확대되어 왔는데, 여기서 테러리스트들은 규칙을 준수할 능력은 있으나 그러려고 하지 않는 것으로 생각된다.

앞서의 장에서 언급했듯이, 전쟁 수행은 상당한 정도의 조직화와 사회적 응집력을 요구한다고 여겨진다. 사회적 응집력과 이에 동반되는 제도들만큼 중요한 것은 오랫동안 문명의 본질적 특징들로 간주되어 온 일련의 가치들의 존재이다. 그리하여 대체로 다음과 같은 생각이 널리 받아들여져 오고 있다. "우리는 어떤 민족이 어떻게 싸우는가를 관찰함으로써 그들이 스스로를 발전시키는 토양으로서의 문화와 관습에 대해 많은 것을 배울 수 있다."[4] 여기서 중요한 것은 문명의 윤리적이고 규범적인 요구이다. 스타로빈스키가 언급하듯이, "하나의 가치로서의 문명은 정치적이고 도덕적인 규범을 구성한다. 그것은 일종의 기준으로서 이에 따라 야만성 내지는 비문명이

---

2 Hannah Arendt, *The Origin of Totalitarianism* (London: George Allen & Unwind, 1958), 462.

3 Gerrit Gong, *The Standard of "Civilization" in International Society* (Oxford: Clarendon, 1984), 14-5.

4 Michael Howard, "Constraints on Warfare", in *The Laws of War: Constraints on Warfare in the Western World*, eds. Michael Howard, George J. Andreopolous and Mark R. Schulman (New Haven, CT: Yale University Press, 1994), 1.

판정되고 비난받는다".[5] 이와 유사한 논점을 안토니 파그덴(Anthony Pagden)도 지적한 바 있는데, 그는 다음과 같은 견해를 피력한다. 문명이란 "모든 인류에게 최적의 조건인 것으로 간주되는 상태로서 사회적, 정치적, 문화적, 미적 — 심지어 도덕적이고 육체적인 — 상태를 나타내며, 이것은 오직 문명화된 자들만이 문명화된다는 것이 무엇인지를 알 수 있다는 주장을 암시적으로 내포한다".[6] 이러한 주장은 중요한데, 왜냐하면 스타로빈스키가 말하듯이, "**문명**이라는 단어가 등장하던 역사적 순간은 자기-반성의 출현, 즉 스스로가 자신의 활동의 본성을 이해한다고 생각하는 의식의 출현을 지시하기 때문이다". 더 구체적으로 말해서, 문명이란 단어는 "서양 문명이 스스로를 반성적으로 자각하는 순간, 이 문명이 스스로를 여러 다른 문명들 중의 한 문명으로 바라보는 순간"을 지시한다. "자기의식에 도달함으로써, 문명은 직접적으로 문명들을 발견하는 것이다."[7] 그러나 엘리아스가 언급하는 것처럼, 사실상 이것이 서양 문명을 여러 동등한 문명들 중의 하나로 본다는 것을 뜻하지는 않는다. 왜냐하면 문명이란 개념 자체가 "서양의 자기의식을 표현하기 때문이다. 이 개념은 지난 2-3세기 동안의 서양 사회가 그보다 이전의 사회들 내지는 '좀 더 원시적인' 당시의 사회들에 비해 우월하다고 스스로 믿는 모든 것들을

---

5 Jean Starobinski, "The Word Civilization" in *Blessings in Disguise; or, The Morality of Evil*, trans. Arthur Goldhammer (Cambridge, MA: Harvard University Press, 1993), 31.

6 Anthony Pagden, "The 'Defence of Civilization' in Eighteenth-century Social Theory", *History of the Human Sciences* 1, no. 1 (1988), 33.

7 Starobinski, *Blessings in Disguise*, 32; 강조는 원저자.

압축해서 보여주기 때문이다".[8]

이러한 우월성이 갖는 의미에는 문명화된 민족들 및 — 개인적으로든 집단적으로든 간에 — 덜 미개하고 야만적인 사람들에게 귀속되는 도덕적 가치라는 면에서의 차별화가 들어 있다. 이런 식의 태도에 해당하는 예들은 아주 많아서, 초기 잉글랜드인들의 아일랜드인들에 대한 묘사라든가 유럽인들이 아메리카 및 여타 지역의 원주민들을 (때때로 비우호적으로) 동물, 벌레 또는 어린애와 비교할 만한 것으로 — 물론 전혀 문명화된 인간이 아닌 것으로 — 묘사했던 일에서 쉽게 발견된다.[9] 이러한 비우호적인 묘사 및 이와 연관된, 도덕적 가치에서의 차별화는 상대방을, 특히 — 십자군 전쟁에서부터 아메리카에서의 인디언 전쟁을 거쳐 테러에 대한 전쟁에 이르기까지 — 전쟁 중에 있는 상대방을 인식하고 취급하는 방식에 영향을 끼쳤으며 또 지금까지도 끼치고 있다. 그 우월성의 일반적 의미에 내재하는 것은 전쟁의 기술과 윤리이다. 처음에는 유럽이 그다음에는 서양 세력 전반이 전장에서의 빼어난 전략적·기술적 능력을 더욱 일반적으로 분명히 보여주었는데, 이는 "문명화되지 않은" 타자와의[10] 만남의 세기로부터 두드러지게 나타난 현상이었다. 이와 유사하게, 유럽인들 및 서양인들은 **전쟁할 권리**(전쟁의 정당한 대의)와 **전시 국제법**(전쟁행위

---

8 Nobert Elias, *The Civilizing Process* (Oxford: Basil Blackwell, 2000), 5.

9 Edmund P. Russell III, "'Speaking of Annihilation': Mobilizing for War against Human and Insect Enemies, 1914-1945", *Journal of American History* 82, no 4 (1996), 1505-29; Edmund Russell, *War and Nature: Fighting Humans and Insects with Chemical from World War 1 to Silent Spring* (Cambridge University Press, 2001).

10 Edward W. Said, *Orientalism* (London: Routledge & Kegan Paul, 1978).

를 규제하는 법)의 문제들과 관련하여 독점적인 도덕적 우위를 주장해 왔다. 그렇지만 이것은 다른 민족들이 그들 자신의 법규들에 대해 비슷한 견해를 가졌을 가능성을 차단하지는 못한다.[11]

군사적 지평선

군사적 지평선은 모래 위에 있는 것으로 상정된 비유적인 선으로서 이른바 조직화되고, 통제되며 기사도적이라고 여겨진 "문명화된" 유럽식 전쟁을 야만인과 미개인들에 의해 수행된 규율이 없고 우발적이며 "원시적인" 전쟁의 혼란스러운 본성과 구분하는 선이다. 터니-하이가 쓰고 있듯이 "군사적 지평선이란 것은 [...] 무기의 적절성이 아니라 팀워크, 조직 그리고 통솔의 적절성에 의거한다". 문명화되지 않은 종족들은 조직화와 협력이 눈에 띄게 결여되어 있어서 "아무리 얼굴에 물감을 바르고 우발적으로 살인을 감행하더라도" 군사적 지평선에 미치지 못한다. 그래서 그들은 "군인이 아니라고" 간주되며, "전쟁술의 기초도 지니고 있지" 못하다.[12]

이와 같은 특징적 묘사들과 구별 짓기는 기나긴 역사를 지니고

---

11 개괄적으로 다음을 참조. Michael Walzer, *Just and Unjust War*, third edition (New York: Basic Books, 2000); John Kelsay and James Turner Johnson (eds), *Just War and Jihad: Historical and Theoretical Perspectives on War and Peace in Western and Islamic Traditions* (New York: Greenwood Press, 1991); James Turner Johnson, *The Holy War Idea in Western and Islamic Traditions* (University Park, PA: Pennsylvania State University Press, 1997).

12 Harry Holbert Turney-High, *Primitive War: Its Practice and Concepts*, second edition (Columbia, SC: University of South Carolina Press, 1971), 23.

있는데, 유럽 내에서의 위계적 구분으로부터 쭉 이어져 내려와 유럽 국가들이 그들의 경계 너머에 있는 민족들을 만나던 시점 이후로 더욱 심하게 나타났다. 이런 현상은 교황 우르바노 2세(1088-99)가 제1차 십자군 전쟁을 선포하던 해인 1095년에도 발견될 수 있으며, 교황 인노켄티우스 3세(1198-1216)의 칙령인 『이것들 위에 있는 것』(*Quod super his*)에 대해 교황 인노켄티우스 4세(1243-54)가 행한 주석에서도 뚜렷이 드러나는데, 여기서 그는 교황과 이교도 간 관계의 본질을 명시하는 일에 착수한다.[13] 앞에서 말한 묘사들과 구별 짓기는 제임스 왕의 아일랜드 법무상이었던 존 데이비스 경(Sir John Davies)의 그런 "야만적인 나라는 좋은 정부를 가질 수 있는 능력을 갖추기에 앞서 우선 전쟁에 의해 깨지고 부서져야 한다."라는 선언에도 함축적으로 나타난다.[14] 이런 일반적인 정서는 법률가인 로버트 워드(Robert Ward)의 주장에서도 포착되는데, 나중에 영국 하원과 행정부에서도 일했던 그는 다음과 같이 말하고 있다.

> 우리는 **이슬람**과 **터키**의 민족들을 생각하고 있다. [...] 이들의 무지와 야만성은 더 이상 따져볼 필요가 없다. [...] 이런 식의 행동 방식이 갖는 열등성은 중국인들에게서도 똑같이 나타난다. [...] 이들의 전쟁

13 Brett Bowden, "The Colonial Origins of International Law: European Expansion and the Classical Standard of Civilization", *Journal of the History of International Law/ Revue d'historie du droit international* 7, no. 1 (2005), 1-23 참조.

14 Sir John Davies, *Historical Relations: or, a Discovery of the True Causes Why Ireland Was Never Entirely Subdued Nor Bought under Obedience of the Crown of England until the Beginning of the Reign of King James of Happy Memory* (Dublin: Samuel Dancer, 1664), 4-5.

은 언제나 **동방적인** 야만성을 지닌 채 수행되어 왔는데, 이방인에 대한 이들의 법률로 알려진 것들만으로도 이러한 주장을 입증할 수 있을 것이다.[15]

신대륙 및 이전에는 알려져 있지 않던 지역들의 발견과 함께, 아메리카 원주민과 여타의 지역 토착민들은 이미 접촉했던 어떤 종족들보다도 훨씬 덜 문명화된 것으로 간주되었다. 덫을 놓는 사냥꾼 이야기로부터 초기의 인류학적 탐험대들이 전해준 더욱 자세한 이야기에 이르기까지, 아메리카의 변경에서 흘러나온 갖가지의 다채로운 이야기들에 의존하면서, 윌리엄 로버트슨(William Robertson)의 『아메리카의 역사』(*History of America*)와 같은 유명한 책들은 다음과 같은 개괄적인 인상을 소개하고 있다.

> 세련된 민족들은 승리의 영예를 얻거나 영토를 추가로 획득했을 때, 전쟁을 명예롭게 끝내고자 할 것이다. 그러나 야만인들은 그들의 증오의 대상인 공동체를 절멸시킬 때까지 만족하지 않는다. 그들은 정복하기 위해서가 아니라 파멸시키기 위해 싸우는 것이다. [...] 그들은 일단 교전 상태에 돌입하면, 평화 속에서는 적의 얼굴을 결코 보지 않겠다는 결의를 다질 뿐 아니라, 불멸의 적개심을 가지고 싸움을 밀어붙일 결심을 한다. [...] 자신들의 적에 대한 복수의 분노는 그

15 Robert Ward, *An Inquiry into the Foundation and History of the Law of Nations in Europe from the Time of the Greeks and Romans to the Age of Grotius*, two volumes (New York and London: Garland Publishing Inc., [1795] 1963), vol. II, 3-4.

한계를 알지 못한다. 이런 격정의 지배하에 놓이게 되면, 인간은 모든 동물 중에서 가장 잔인한 존재가 된다. 이때 인간은 연민도, 용서도, 여유도 없는 것이다. [...] 그들은 자신들의 적을 공개적 무력으로 공격하는 영예를 알지 못한다. 기습공격으로 적을 말살하는 것이 지휘관의 가장 큰 장점이며, 그의 부하들에게는 최고의 자랑거리인 것이다.[16]

칸트 역시 이와 유사한 질적 판단을 내리고 있는데, 그는 『영구평화론』에서 유럽의 문명화되지 않은 나머지 지역의 종족들과 신대륙의 야만인들 간의 주된 차이가 "후자의 많은 부족들이 그들의 적에 의해 먹혀버린 것에 반해, 전자는 그들에게 정복된 적을 해치워 버리기보다는 잘 이용할 줄 안다는 점에 놓여 있다고" 주장한다.[17] 아메리카 원주민의 전쟁을 유럽인이나 정착민의 그것과 비교하여 야만적이라고 묘사하는 것은 1776년 7월 4일 미국의 독립선언문과 같은 기념비적 기록물에서도 이어졌다. 여기에서 토마스 제퍼슨은 영국 국왕이 "우리들 안에 내란을 촉발시키고, 접경지대의 거주자들, 즉 무자비한 야만적 인디언들을 선동하려 했는데, 이들의 알려진 전쟁 규칙이라는 것은 연령, 성별, 사정과 상관없이 이 모든 것을 무차별적으로 말살하는 것이다."라고 비난하였다. 이런 식의 묘사는 전쟁 시기에 덜 문명화되었다고 가정된 사람들을 대하고 취급하는 방식에

16 William Robertson, *The History of America*, twelfth edition, four volumes (London: Cadell and Davies, 1812), vol. II, 149-54.

17 Immanuel Kant, "Perpetual Peace", in *Kant On History*, ed. Lewis White Beck (Indianapolis: Bobbs-Merrill, 1963), 99.

심각한 영향을 끼쳤다.

전쟁 수행이라는 관점에서 볼 때, 조직화되고, 규율이 잘 잡혀 있으며, 문명화된 종족들이 덜 조직화되고, 통제되지 않으며, 문명화되지 않은 종족들에 비해 일반적으로 유리한 점을 지닌다는 생각은 오랜 역사를 가지고 있다. 이와 관련하여 헤겔은 다음과 같이 말하고 있다. "이 같은 관계는 무엇보다도 『일리아드』에서 등장한다. 여기서 그리스인들은 아시아인들에 대항해 전장에 나서고 극단적 대결 양상을 벌이며 최초의 서사적 전투들을 치르게 되는데, 여기서 비롯된 전쟁은 그리스 역사에서 세계사적 전환점을 형성하기에 이른다." 그는 계속해서 "이와 유사하게 시드(Cid)는 무어인들과 싸우고, 타소(Tasso)와 아리오스토(Ariosto)의 서사시에서 기독교인들은 사라센인들과 싸우며, 카몽스(Camoens)에서 포르투갈인들은 인도인들과 싸운다"고 말한다. 그에 따르면 거의 "모든 위대한 서사시들에서, 우리는 이들이 도덕, 종교, 언어의 면에서, 요컨대 내적인 면과 외적인 면에서 상이한 모습으로 서로에 대해 맞서고 있는 것을 본다. 그리고 우리는 패배자에게 그 무엇도 남겨두지 않는 용맹함에 굴복한 열등한 원리에 대해 우월한 원리가 세계사적으로 정당한 승리를 거두는 것을 지켜봄으로써 마음을 진정시키게 된다". 이로부터 헤겔은 다음과 같은 결론을 이끌어낸다. "이런 의미에서, 과거의 서사시들은 동양에 대한 서양의 승리, 유럽적 절제의, 스스로를 제한하는 이성의 개별적 아름다움의 [승리]를 묘사한다."[18] 본질적인 면에서 보아, "정착생활

18 G. W. F. Hegel, *Aesthetics: Lectures on Fine Art*, trans. T. M. Knox, two volumes (Oxford: Clarendon Press, 1975), vol. 2, 1061-62.

을 하며, 문명화된 그리고 관습을 따르는 쪽이 유목적이고 야만적이며 관습을 따르지 않는 쪽에 승리를 거둔다는 것은 널리 인정되고 있다".[19]

그렇지만 보다 문명화되었다고 여겨지는 쪽이 덜 문명화된 쪽에 항상 승리를 거둔 것은 아니었다. 애덤 스미스(Adam Smith)가 주장하듯이, "고대에는 부유하고 문명화된 쪽이 가난하고 야만적인 민족들에 맞서 스스로를 방어하기 힘들다고 여겼다". 야만적인 게르만족의 무리들이 로마제국에 승리한 것이 좋은 예이다. 그러나 더 나아가 스미스가 지적하는 것처럼, 산업화와 상업적 사회의 도래와 더불어 형세는 급속도로 바뀌었다. 왜냐하면, "근대에는 가난하고 야만적인 민족들이 부유하고 문명화된 민족들에 맞서 스스로를 지켜내기 힘들다고 여기기 때문이다". 이렇듯 형세가 역전된 것에 대해 그는 "근대 전쟁에서는 화기에 드는 엄청난 비용으로 인해 그런 비용을 잘 감당할 수 있는 민족이, 따라서 부유하고 문명화된 민족이 가난하고 야만적인 민족에 비해 확실한 이점을 갖는다"는 이유를 제시한다. 전쟁의 이런 비대칭적 본성에 대한 스미스의 언급들은 문명화된 쪽과 야만인들 간의 진쟁이 갖는 일방적이고 거의 불가피하게 난폭한 성격을 강조하고 되풀이해서 지적한다. 그는 결론적으로 "화기의 발명, 즉 첫눈에는 치명적으로 보이는 발명은 확실히 문명의 영속화와 전파 모두에 유리한 것이었다"고 말한다.[20]

좀 더 최근에 데이비스 터커(Davis Tucker)는 또다시 문명화된 사

19 Davis Tucker, "Fighting Barbarians", *Parameters* 28, no. 2 (1998), 78.

20 Adam Smith, *Wealth of Nations* (London: T. Nelson and Sons, 1869), 296-7.

회에 대한 가장 큰 위협은 "첨단 기술을 갖춘 군대"로부터가 아니라, "전쟁에 대한 문명화된 통제를 전혀 존중하지 않고, 승리를 쟁취하기 위해서라면 무엇이라도, 절대적으로 무엇이라도 저지르고자 하는 야만적인 전사들로부터" 온다는 견해를 피력한 바 있다. 그에 따르면 이들 새로운 야만인들은 "무정부 상태의, 인구과잉의 그리고 환경적으로 피폐한 황무지의 궁핍으로부터 또는 그들의 문화적 패배를 곱씹으면서 나타났다". 그들은 추정컨대 "이런 잔혹행위들을 기꺼이 저지를 뿐 아니라, 그렇게 하는 것을 즐긴다. 고문과 강간을 그들은 스포츠로 여기곤 한다. 아동과 노인을 학살하는 것을 오후의 유쾌한 활동으로 생각한다. 조약을 위반하는 것을 숨 쉬는 것만큼이나 손쉬운 일로 간주한다".[21] 터커는 "문명의 퇴보", "야만으로의 회귀" 또는 "새로운 야만"의 발흥으로 불리는 현상을 통탄하는 많은 평론가들 중 하나이다. 어떤 이들에게 이런 현상은 산발적인, 지역적으로 또는 문화적으로 고립된 것으로 보이지만, 그것이 인접 지역과 집단 이주민들 사이로 번질 위험이 있다는 점에서 광범한 파장을 지닌다. 이런 새로운 야만은 다소간 문명화된 것으로, 다소간 야만적인 것으로 분류되는 국가들이나 지역들의 영속화를 정당화한다고 여겨진다.

관찰자들은 이렇듯 계속적으로 세계가 구분되는 것이 대체로 냉전의 종식 이후 세계의 다양한 지역에서 분출한 많은 갈등들의 민족주의적, 인종적, 또는 종교적 차원 때문이라고 생각한다.[22] 예컨대 에

21 Tucker, "Fighting Barbarians", 70.

22 이에 대해서는 예전의 유고슬라비아, 예전 소련의 각 지역들, 서아프리카, 아프리카 북동부, 중앙아프리카의 거대 호수 지역의 예를 들 수 있겠는데, 이 모두가 반드시 냉전의 종식과 직접적인 관련성이 있는 것은 아니다.

릭 홉스봄은 "야만이 증가 일로에 있으며 [...] 이런 증가가 끝날 조짐은 보이지 않는다"고 주장한다. 이것은 "규칙과 도덕적 행위의 체계들—이것들에 의해 **모든** 사회가 그들의 구성원들의 관계를 규정하고, 보다 적은 정도로는, 그들의 구성원들과 다른 사회의 구성원들의 관계까지도 규정하던—의 붕괴와 와해라는" 특징을 갖는 야만이다.[23] 이와 유사한 방식으로, 클리포드 프와로(Clifford Poirot)는 이전 시대를 떠올리며 발칸 반도에서 특히 공산주의의 붕괴는 "일종의 야만으로의 회귀를 야기했는데, [...] 이것은 19세기 후반의 독일에 잠재되어 있던 것"이라는 견해를 표명한다.[24]

이러한 경향의 입장에서 가장 생생하고도 영향력 있는 주장들의 일부는 언론인들에 의해 제기되고 있는데, 이들은 일종의 본질적인 야만성에서 유래하는 대체로 비합리적인 "부족적" 폭력성이라고 여겨지는 것에 대해 묘사하면서 이를 식민지 시대의 "문명화의 사명"이 완수되지 못한 까닭에 남아 있는 어떤 것이라고 간주한다. 이런 주장들 중 가장 유명한 것은 로버트 캐플런이 기고한 글인 "도래하는 무정부상태"인데, 이 글은 서아프리카의 상황을 모델로 삼아 지구와 인구의 미래에 대한 종말론적이면서 신-맬서스적인 예감을 담고 있다. 여기서 그는 "이 지역이 중앙 정부의 쇠락, 부족과 지역 세력의 발흥, 억제되지 않는 질병의 확산, 전쟁의 점증하는 확대와 같은 세

---

23 Eric Hobsbawm, "Barbarism: A User's Guide", *New Left Review* 206 (1994), 45. 강조는 원저자.

24 Clifford S. Poirot Jr, "The Return to Barbarism", *Journal of Economic Issues* 31, no. 1 (1997), 233. 또한 Clause Offe, "Modern 'Barbarity': A Micro State of Nature", *Constellations* 2, no. 3 (1996), 354-77 참조.

계의 저개발 지역들에 공통된 많은 것들을 가리키고 있다"고 주장한다.[25] 그는 우리에게 이렇게 요청한다.

> 집 없는 거지들이 사는 뉴욕시의 움푹 파인 도로에 놓인 스트레치 리무진을 생각해 보라. 리무진 안쪽으로는 냉난방 조절장치가 갖춰진 북아메리카, 유럽, 환태평양 그리고 몇몇 개별 지역들과 같은 후기산업시대적인 지역이 무역 정상회담과 컴퓨터 정보 고속도로와 공존한다.

한편 그 바깥쪽에는 "서양식 팝 문화와 고대 부족적인 증오감의 가장 질 나쁜 쓰레기의 영향을 받은 스킨헤드 코사크족과 주주(juju) 전사들이 차지하고 있는 황폐하고도 과밀한 세상이 있다".[26]

야만적 전쟁

이미 언급했듯이, 인간에 대한 이런 식의 묘사와 구분은 상이한 사람들과 민족들이 접촉하게 되었을 때, 특히 무장 충돌의 상황에서 서로

---

25 Robert D. Kaplan, "The Coming Anarchy", *Atlantic Monthly*, (February, 1994), 48; Robert D. Kaplan, *Balkan Ghost: A Journey Through History* (London: Macmillan, 1993).

26 Kaplan, "The Coming Anarchy", 60-62. 또한 다음을 참조. Thomas F. Homer-Dixon, "On the Threshold: Environmental Changes as Causes of Acute Conflict", *International Security* 16, no. 2 (1991), 76-116; "Environmental Scarcities and Violent Conflict: Evidence from Cases", *International Security* 19, no. 1 (1994), 5-40; *Environment, Scarcity and Violence* (Princeton, NJ: Princeton University Press, 2001).

를 대하는 방식에 오랫동안 영향을 끼쳐 왔다. 문명인과 야만인을 구분하는 것으로부터 생겨나는 중요한 문제들 중 하나를 제기한 사람은 법학자인 라이트인데, 그는 시리아가 아직 프랑스의 통치를 받는 위임 통치국이었던 1925년 10월 다마스쿠스에 가해진 프랑스의 폭격 후에 이런 문제를 제기하면서 다음과 같이 묻고 있다. "국제법은 상이한 문명의 사람들에게도 전쟁법을 적용하도록 요구하는가?" 그 자신의 생각은 이러했다.

> 고대 이스라엘 민족은 그들이 적이라고 선언한 특정의 부족들에게는 전쟁에서의 통상적인 제한들을 부정했다. 고대 그리스인들은 그리스인들끼리 인정하던 전쟁규칙이 야만인들에게는 적용될 수 없다고 생각했다. 중세의 기독교 문명도 이교도들에 대해서 비슷한 태도를 취했다. 한 영국 작가는 [F. W. Hirst, *The Arbiter in Council*, 230.] "1906년 문명화된 열강들이 열등한 문명을 지닌 부족들을 공격했던 특별히 야만적인 전쟁 수행 방식에" 주목하고 있다. 그는 덧붙이기를, "고든(Gordon), 키치너(Kitchener), 로버츠(Robert)와 같은 현대의 영웅들에 대해 고찰해 보면, 나는 이들이 노예 무역상 또는 관료들과 제휴하거나, 과실수를 함부로 베어버리거나, 농장을 불태우거나, 부녀자들을 한데 모으거나, 군용열차를 죄수들을 이용해 보호하거나, 다른 죄수들을 매수해 그들의 동포와 싸우게 하고 있음을 발견하게 된다. 이런 것들은 우리를 그 옛날의 나빴던 시절로 데려다 놓는 듯이 보인다. 저 하늘의 기록담당 천사는 얼마나 끔찍한 일들을 남아프리카에서의 영국과 독일에 대해, 마다가스카르와 통킹에서의 프랑스에 대해, 필리핀에서의 미국에 대해, 쿠바에서의 스페인에 대

> 해, 동인도에서의 네덜란드인에 대해, 콩고에서의 벨기에인들에 대해 써내려가야 할 것인가?" 최근 다마스쿠스에서의 폭격에 관한 대부분의 서술에서 유럽인과 아메리카인들이 상대적으로 경미한 피해를 입었음을 강조한 것은 아마도 서양 공동체들이 갖는 도덕 감각에서의 이러한 구분과 차별의 현존을 가리키고 있을 것이다.[27]

시리아에서의 프랑스의 가혹함에 대한 라이트의 한탄은 — 그는 이런 가혹함을 "테러리즘 정책"과[28] 다를 바 없다고 여겼는데 — 덜 문명화되었다고 가정된 사람들과의 대결적 상황에서 문명화된 세계가 취하는 행동에 대한 자기평가에 있어 상당히 예외적인 경우라고 할 만하다. 다마스쿠스에서 프랑스가 행한 폭격의 합법성에 대한 라이트의 평가에 미군 대위였던 엘드리지 콜비(Eldridge Colby)는 다음과 같은 주장으로 대응하였다.

> 라이트 교수가 그 사실을 놓고 아무리 개탄한다 해도 직시해야 할 문제가 있다. 구분은 존재한다는 것 말이다. 그것은 전쟁 수행 방식에서의 차이와 전쟁에서의 품위에 관한 상이한 원칙들에 기초한다. 어떤 종족에게서는 전투원과 민간인이 실질적으로 동일할 때, 야만인들 또는 반야만인들이 이런 동일성으로 인해 이득을 취하면서 계략, 술책, 학살 등을 "정규군"인 적들에 대해 자행할 때, 지휘관들은

27 Quincy Wright, "The Bombardment of Damascus", *American Journal of International Law* 20, no. 2 (1926), 266.

28 Wright, "The Bombardment of Damascus", 273.

> 전시에 서양인들을 대할 때 사용하던 것과는 다른 방식으로 난국을 돌파해야만 한다. 전쟁이 "정규" 부대와 "비정규" 부대로 지칭되는 집단 간에 벌어질 때, 우리는 모든 전략 전술의 문제에서 그리고 또한 반드시 전쟁의 규칙들이라는 면에서도 다르게 접근해야 한다.[29]

콜비는 사태가 다른 식으로 해결될 수는 없었음을 입증하는 다양한 사법 및 군사 당국들의 권위에 의존함으로써 자신의 주장을 뒷받침한다. 영국군의 풀러(J. F. C. Fuller) 대령은 『전쟁의 개선』에서 이렇게 쓰고 있다. "문명화되지 않은 민족들에 대한 작은 전쟁에서 채택되어야 할 전쟁 수행 방식은 그 지역에 존재하는 문화의 색조와 조화를 이루어야 한다. 내 말의 뜻은 낮은 문명 상태를 소유한 민족과 벌이는 전쟁은 그 유형에서 좀 더 잔인해야 한다는 것이다."[30] 영국의 군법 매뉴얼에는 다음과 같이 쓰여 있다. "국제법의 규칙들은 오직 문명화된 국가들에게만 적용된다. 여기서 당사자들은 이 규칙들을 이해하고 이행할 준비를 갖추고 있다. 이 규칙들은 문명화되지 않은 국가와 부족들과의 전쟁에서는 적용되지 않는다."[31] 콜비는 더 나아가 "미군의 기병들이 미국의 국경을 빙어하고 또 서쪽으로 밀고 나갈 때 벌어진 인디언과의 많은 전쟁들은 [남성, 여성 그리고 어린이 전투

29 Eldridge Colby, "How to Fight Savage Tribes", *American Journal of International Law* 21, no. 2 (1927), 279.

30 Colby, "Savage Tribes", 280; J. F. C Fuller, *The Reformation of War* (London: Hutchinson & Co., 1923), 191.

31 Colby, "Savage Tribes", 280; Great Britain War Office, *Manual of Military Law* (London: HMSO, 1914), 235.

원들이 보여준] 전투에서의 통일된 부족적 행위에 대한 그리고 이 붉은 피부의 전사들이 가진 거의 보편적인 잔인성에 대한 생생한 증거를 지니고 있다"고 주장한다.[32]

한편으로 콜비는 "품위 있게 처신하는 것이 좋으며, 적절한 재량권을 사용하는 것이 바람직하고, 국제법이 명하는 품위 있는 행동방식을 따르는 것이 좋다는 점을" 인정하지만, 그럼에도 그는 "국제법을 알지 못하고, 그것을 준수하지 않으며, 이를 준수하는 쪽을 이용해 먹는 문명화되지 않은 종족들에 대해서는 뭔가 다른 것이 있어야 마땅하다는 점은 사실"이라는 주장을 고집한다.[33] 이것은 다음과 같은 질문을 유발한다. 어떻게 적들이 그들 자신도 존재하는지를 알지 못하는 어떤 것을 이용해 고의로 이득을 취할 수가 있는가? 그리고 이것이 분쟁의 다른 한쪽에게 그들이 고수한다고 주장하는 또 그들의 문명의 표지로 내지는 좀 더 일반적으로 문명의 표지로 떠받드는 일련의 법규들을 무시할 권리를 부여하는가? 콜비는 결론적으로 "이 문제의 진정한 본질은 황폐화와 말살이야말로 야만적 부족들이 알고 있는 전쟁 방법이라는 점"이라고 말한다.[34] 그 자체로 보면, 이들의 적인 "문명화된" 쪽은 같은 전쟁에서 유사하게 "좀 더 잔인한" 방법들을 채택하는 것이 정당화된다는 식으로 생각되고 있다.

에버렛 휠러(Everett Wheeler)는 이런 식의 문명화된-야만적이라는 구분에 대해 말하면서, 전쟁에 대한 서양의 전통은 두 개의 "경쟁하

32 Colby, "Savage Tribes", 284.
33 Colby, "Savage Tribes", 287.
34 Colby, "Savage Tribes", 285.

는 규범들 간의 긴장을 보여준다"고 주장한다. 그중 하나는 그가 "아킬레스 정신"이라고 부르는 것으로서, 이것은 "기사도적인 것, 총력전, 공개적이고 직접적인 수단을 옹호한다". 다른 하나는 "오디세우스 정신"인데, 이것은 "술수, 기만, 간접적인 수단을 선호하며 총력전을 회피하고", "오디세우스가 미쳤다"로 묘사되는 테러리즘을 사용한다.[35] 그러나 단 두 가지의 예만 들자면, 드레스덴에 대한 전면적 공습과 히로시마 및 나가사키에 대한 원폭 투하는 — 이들 모두 민간인까지도 표적으로 삼았는데 — 이런 긴장이 상당히 표피적인 것에 불과한 것임을 가리키는 듯하다. 이러한 면은 또한 유럽의 파시스트들과 나치들을 서구의 진영에서 빼어버린 의문스러운 시도에 기인하기도 한다. 전쟁에 대한 경쟁하는 규범들 사이에서의 선택에 직면할 경우, 서양의 사고방식에서 앞서 말한 긴장이라는 게 있다면, 대면하고 있는 적들인 전투원들의 성격이 핵심적인 결정 요인이 될 것이다. 이러한 긴장 내지는 모순에 대해 하워드는 문명화된 "전쟁, 즉 **적대적 전쟁**(*bellum hostile*)은 서양 기독교 국가들 사이의 규범이었다."라고 설명한다. 그러나 타자와의 충돌에 이르게 되면, 즉 "외부인들, 이단자들 또는 야만인들과의 전쟁에서는, 서양은 로마인들이 **로마식 전쟁** 또는 **필멸의 전쟁**이라고 불렀던 것, 다시 말해 어떤 제약도 없이 적으로 지칭된 모든 이들이 — 무기를 지녔건 그렇지 않았건 간에 — 무차별적으로 도륙될 수 있었던 전쟁이라는 잔인한 유산을 로마인들로

35 Everett L. Wheeler, "Terrorism and Military Theory: An Historical Perspective", *Terrorism and Political Violence* 3, no. 1 (1991), 24, 27.

부터 물려받았다".[36]

2장에서 언급했듯이, 시간이 흐르면서 적들이 일정한 권리를 소유한 우리와 같은 인간이라는 것이 인정된다는 기본 인식에 따라 문명적 전쟁 또는 제한적 전쟁으로 향하는 일반적 경향이 존재하게 되었다고 말할 수 있다.[37] 적들이 무기를 소지했을 때에는 싸워 마땅한 표적이지만, 일단 무장 해제가 되면, 이들은 "신의 자손으로서 또는 시민사회의 구성원으로서 자신들에게 주어져 마땅한 모든 권리를 회복할 수 있었다". 그러나 적이

> 인간으로 간주되지 않고 [...] 열등하고 또한 위협적인 족속으로 여겨졌을 때, 그가 제복을 입고 무기를 들었든가 그렇지 않았든가 하는 것에는 — 실제로 그가 남자, 여자, 아니면 어린이였던가 하는 것에는 아무런 차이도 없었다. 그는 야수나 벌레와 마찬가지로 아무런 권리를 지닐 수 없었다.[38]

6장에서 더욱 상세히 고찰되겠지만, 적으로서의 타자를 비인간

---

36 Howard, "Constraints on Warfare", 3.

37 예컨대, '400그램 미만의 폭발성 물질 또는 연소물을 실은 발사물체를 전쟁에 사용하는 것을 금지한 선언'(St. Petersberg, November 29/ December 11, 1868)을 들 수 있는데, 이 조약은 "문명의 진보가 전쟁의 참화를 가능한 한 많이 감소시키는 효과를 야기해야 함을" 고려하였다. 본질적으로, 이 조약의 목적은 "문명화된 국가들 사이의 전쟁에서 특정한 발사물체의 사용을 금지하는 것의 방편적 유효성을 시험해보는" 데 있었다. 그러나 문명화되지 않은 사람들과의 전쟁에서 이런 식의 제한은 존재하지 않았다.

38 Howard, "Constraints on Warfare" 8. 또한 Russell, "'Speaking of Annihilation': Mobilizing for War against Human and Insect Enemies, 1914-1945" 참조.

화하고 악마로 묘사하는 것 그리고 이것이 발생시키는 잔혹성은 역사 전체를 통틀어 명백히 드러난다. 그것은 "영국인들이 아일랜드에 '평화를 가져왔을' 때의 그 무자비함"에서도 명백하며, 정복자들과 아메리카로 넘어간 유럽 정착민들이 토착민들을 대할 때 "가지고 있었던" 잔혹성도 그러하다.[39] 하워드가 지적하듯이, "프랑스 군인들과 영국 군인들이 — 비록 그들이 서로에게 적일지라도 — 서로를 대할 때의 태도와 그들이 인도인들을 대할 때의 방식 간의 뚜렷한 차이는 이 두 종류의 전쟁에 대한 교과서적인 예를 제공한다".[40]

적들과 적으로 여겨지는 자들을 비인간화하고 악마화하는 것으로부터 발생한 잔혹행위들 역시 두 차례의 세계 대전에서 소름끼칠 정도로 명백한 사실이었다. 제2차 세계대전에서의 잔혹행위는 특별히 잘 알려져 있는데, 특히 나치의 통치하에서의 유럽뿐만 아니라 태평양 지역에서도 그러하다. 여기에서 전투는 "제2차 세계대전의 표준에 의거해 볼 때 잔인한" 것으로 묘사되었다. 이 지역에서는 "항복하기를 거부하는 것이 양쪽 모두의 규범이었다. 부상당한 적들은 대개 손을 쓸 수 없는 상태에서 죽임을 당했다. 잔혹행위는 일상적이었고, 여기에는 학대, 고문, 가까스로 투항한 이들을 죽이는 것도 포함되었다". 이러한 사태는 다음과 같이 서술되기도 했다. "전투가 그 규모에서 (유럽의 경우와 비교해 볼 때) 부족한 것을, 그 강도와 야만성이

39 Brett Bowden, "'Poisons Disguised with Honey': European Expansion and Sacred Trust of Civilization", *The European Legacy* 18, no. 2 (2013), 151-169 참조.

40 Howard, "Constraints on Warfare" 5. 또한 James Muldoon, "The Indian as Irishman", *Essex Institute Historical Collection* 111, (1975), 267-89 참조.

벌충했다."[41]

전쟁에서의 "야만인들"

물론 이런 야만적 전쟁의 이야기에는 또 다른 면이 있다. 그런데 이 면에 대해서 충분히 말한다는 것은 불가능하다. 왜냐하면 대부분의 경우 패배자들에게는 그들의 비통함에 대한 이야기를 할 기회가 거의 주어지지 않기 때문이다. 토인비가 날카롭게 지적하듯이, "우리는 '문명'과 '야만' 간의 이러한 전쟁의 연대기가 거의 독점적으로 '문명화된' 진영의 기록자들에 의해 작성되어 왔다는 것을 기억해야 한다".[42] 불행히도, 전체 이야기의 다른 면을 말해 줄 그 누구도 남아 있지 않는 경우가 흔하며, 남아 있다 해도 종종 그것은 무시되는데, 이는 "야만인"의 구술사에 대해서 신뢰할 수 없다는 암묵적인 가정이 존재하기 때문이다. 그렇기에, 역사의 황폐화와 말살이라고 하는 것의 대부분을 당하게 되는 입장임에도 불구하고, 야만인들과 이들의 전쟁 방식이 문명화된 표준에서 보아 비난받을 만하고 무시무시하다고 여겨지는 쪽으로 된다. 말할 필요도 없이, 사실상 야만인이거나 미

---

41 Tarak Barkawi, "Peoples, Homelands, and Wars? Ethnicity, the Military, and Battle among British Imperial Forces in the War against Japan", *Comparative Studies in Society and History* 46, no. 1 (2004), 149-50. 또한 John W. Dower, *War Without Mercy: Race & Power in the Pacific War* (New York: Pantheon, 1986) 참조.

42 Arnold J. Toynbee, *A Study of History, abridged by D. C. Somervell* (Oxford: Oxford University Press, 1946), 420.

개인이라고 지칭된 다양한 사람들이 경험한 것으로서 전체 이야기의 수없이 많은 다른 측면들이 말해지지 않았거나 인정되지 못하고 있다. 나는 현존하는 기록들 중에서 발췌한 몇몇의 설명력 있는 자료들에 의존하여 지금껏 위에서 소개된 평가와 선언들에 직접적으로 어긋나는 논점을 구체적으로 제시하고자 하며, 독자들이 스스로 추론해 보도록 하는 기회를 제공하고자 한다.

『내 심장을 운디드니에 묻어 주오』(*Bury My Heart at Wounded Knee*)에서 디 브라운(Dee Brown)이 제시한 — 아메리카 원주민에 대해 저질러진 부당한 일들의 — 목록은 다음과 같이 유럽인들과의 초창기의 맞닥뜨림을 상기시킨다.

> 맨해튼 섬에 도착한 네덜란드인들 중 피터 미뉴이트는 60길드에 해당하는 낚싯바늘과 유리구슬을 주고 그 섬을 매입했다. 그들은 인디언들을 내쫓는 대신 그대로 살게 하면서 하잘 것 없는 장신구들을 주고 인디언들이 가져오는 값나가는 모피들을 사들였다. 1641년 빌렘 키에프트는 모히칸 족에게 조공을 거두고, 백인 정착민들이 저지른 범행을 엉뚱하게 라리탄족에게 뒤집어씌워 이들을 처벌한다는 명목으로 스태튼 섬에 군대를 파견했다. 라리탄족이 이런 부당한 처사에 저항하자 군인들은 라리탄족 네 명을 처형했다. 인디언들이 네덜란드인 네 명을 죽여 이에 보복하자, 키에프트는 모두가 잠든 야밤에 두 마을을 습격해 부락민들 모두를 죽이라는 명령을 내렸다. 네덜란드 군인들은 남녀노소 가릴 것 없이 총검으로 찌르고 시체를

난도질했으며, 마을을 불태워 잿더미로 만들었다.[43]

아메리카 인디언과의 전쟁이 갖는 또 다른 측면이 어떻게 묘사되어야 할 것인가에 대해 말하면서, 블랙 엘크(Black Elk)는 사우스다코타 주 운디드니에 미국 군인들의 손에 의해 자행된 라코타 수(Lakota Sioux) 부족 사람들의 학살에 대해 고찰했다.

> 그때 나는 얼마나 많은 것이 종말을 맞이했는지 알지 못했다. 지금 내가 이 노년의 높은 언덕에서 돌이켜 보면, 나는 여전히 도륙당한 여인들과 아이들이 수북이 쌓여 구부러진 협곡을 따라 여기저기 흩어져 뒹굴고 있는 모습을 분명히 볼 수 있다. 내가 그 모습을 젊었을 때 두 눈으로 목격했을 때처럼 말이다. 또한 나는 거기 피로 덮인 진흙 속에 다른 어떤 것도 죽어버려, 눈보라 속에서 땅에 묻혔음을 볼 수 있다. 한 부족의 꿈이 그곳에서 죽어버렸다. 그 아름다운 꿈이 말이다.[44]

오늘날의 오리건 주 왈로와 계곡(Wallowa Valley)의 네즈 퍼스 부족(the Nez Percés)의 추장 조지프(Chief Joseph/Hin-mah-too-yah-lat-kekht)는 그들의 고향에서 떠밀려 서쪽으로 쫓겨나게 된 자신의 부족의 고

43 Dee Brown, *Bury My Heart at Wounded Knee* (New York, Chicago and San Francisco: Holt, Rinehart & Winston, 1970), 4.

44 Black Elk, *Black Elk Speaking: Being the Life Story of a Holy Man of the Oglala Sioux* [c. 1932], as told through John G. Neihardt (Flaming Rainbow) (Lincoln: University of Nebraska Press, 1988), 270.

난을 되새기며 이렇게 말했다. "나는 우리가 미국과 싸우기에는 너무 약하다는 것을 알았다." 그렇지만 우리가 위에서 고찰했던 주장들과는 대조적으로 그는 다음과 같이 역설했다. "한 인디언이 싸울 때, 그는 오직 죽이기 위해 쏜다. 그러나 군인들은 무작정 쏘아댄다." 계속해서 그는 "우리는 가죽을 벗기는 것이 그리고 부상당한 사람을 죽이는 것이 옳다고 생각하지 않는다. 그러나 군인들은 인디언들이 부상당해 전장에 내버려지는 경우가 아니라면 많은 인디언들을 죽이지도 못한다. 그런 경우에나 그들은 인디언들을 죽인다"고 말했다. 그의 회상은 아메리카 원주민이 어떻게 역경에 맞서 능숙한 전사일 수 있는지를 생생히 보여준다. "하워드 장군은 350명의 군인들과 정착민들을 가지고 우리를 공격했다. 우리는 250명의 전사들을 가지고 있었다. 전투는 27시간 동안 계속되었는데, 우리는 4명이 죽고 몇몇이 부상당했다. 하워드 장군이 입은 손실은 25명의 사망자와 60명의 부상자였다."[45] 조지프는 계속해서 이렇게 말한다.

> 기본 장군과의 전투에서 우리는 50명의 여인과 어린이 그리고 30명의 남자 선사들을 잃었다. 우리는 이들을 장례지내기 위해 충분히 오래 남아 있었다. 네즈 퍼스족은 결코 여성과 어린이를 공격하지 않는다. 우리는 전쟁이 지속되는 동안 아주 많은 여성들과 어린이들을 죽일 수도 있었다. 그러나 그렇게 했다면 비겁한 행동이고 부끄러워했을 것이다. [...] 길을 가는 중에 우리는 한 백인 남성과 두 백

45 Young Joseph, Chief of the Nez Percés, "An Indian's View of Indian Affairs", *North American Review* 269 (April 1879), 424-6.

인 여성을 사로잡았다. 3일 후에 이들은 풀려났으며, 친절한 대우를 받았다. 여성들은 능욕당하지 않았다. 인디언 여성들이 생포되어 3일 동안 붙잡혀 있으면서 능욕당하지 않은 채 풀려난 적이 있다는 말을 백인 군인들이 내게 할 수 있을 것인가? 네즈 퍼스 여인들이 하워드 장군의 군인들 손에 잡혀 그 같은 존중을 받은 적이 있었던가? 나는 네즈 퍼스족이라면 결코 그런 범죄의 책임이 있을 리 없다고 단언한다.[46]

나아가 조지프 추장은 이렇게 회상한다. "우리가 부상자들, 늙은 여인들과 어린이들을 남겨 두고 떠났다면, 베어 포 산(Bear Paw Mountain)에서 빠져나올 수도 있었을 것이다. 우리는 부상당한 인디언이 백인의 수중에서 회복되고 있다는 얘기를 들어본 적이 없다."[47] 이 모든 것들은 "문명"과 "야만"이 종종 폭력적으로 조우했었던 어떤 변경지역으로부터 나온 단지 몇 개의 이야기들일 뿐이다.

악순환

후속하는 장에서 서술될 것처럼 테러에 대한 전 세계적 차원의 전쟁이란 단지 최근의 정황을 말해주는 것으로서, 여기서 문명화되지 않은 적에 의해 자행된 잔혹행위 내지는 야만적 행위들에 대한 대응으

46 Young Joseph, "An Indian's View", 427.
47 Young Joseph, "An Indian's View", 429.

로서 전쟁을 수행하는 쪽은 필요한 그 어떤 수단에 — "좀 더 잔인한" 전쟁 수단을 포함하여 — 호소하는 것이라도 정당화하려고 노력한다. 문명화되지 않은 타자와의 전쟁의 많은 경우에 대해서 주장되었던 것처럼, 그런 사악하고 부도덕한 야만적인 적의 경우에는 관례적인 수단을 사용하여 싸울 수는 없다는 것이다. 그렇지만 역설적이고 비극적이게도, 이 모든 것이 문명의 이름으로 그리고 악에 맞선 선의 싸움이라는 명목으로 일어나고 있는 것이다. 그러나 알렉산드르 솔제니친(Aleksandr Solzhenitsyn)이 『수용소 군도』(*The Gulag Archipelago*)에서 고백하고 있듯이, 사태가 그렇게 간단하다면 얼마나 좋겠는가. 악한 사람들이 손쉽게 식별될 수 있어서, 이들이 간단히 제거될 수 있다면 얼마나 좋겠는가. 그렇지만 모든 사람들이, 근본적으로 "좋은" 사람들까지 포함하여, 특정한 상황이 주어지면 나쁜 또는 사악한 행위를 할 수 있다는 주장에는 아마도 뭔가 경청할 만한 것이 있다. 이와 마찬가지로 "나쁜" 사람들도 무작위로 친절한 행위를 할 수 있다. 어떤 경우에도, 문명-야만 이분법은 그렇게 간단하지 않다. 흑백의 구분처럼 그렇게 분명하지 않으며, 오히려 그저 회색의 미묘한 차이가 있을 뿐이다. 또 전쟁 상황에서는 사태가 훨씬 더 복잡하다.

불확실성의 시기에 그리고 위협들에 직면하여, 특히 상당히 "다르다고" 생각되는 사람들 및 전투원들 사이의 분쟁에서 특별히 중요한 것은 지도력이다. 6장에서 좀 더 상세하게 논의되겠지만, 적들을 비인간화하고 악마화하는 것은 그러한 적들이 취급되는, 또는 부당하게 취급되는 방식에 영향을 미친다. 『전쟁론』에서 클라우제비츠가 언급하듯이, 만약 분쟁상태에 있는 한쪽이 그런 식의 전략을 구사한다면, 악마화는 불가피하게 잔혹행위들을 수반하며, 그것은 "상대방으로 하여금 똑같은 것을 택하게끔 몰아간다. 그렇게 하여 쌍방적인 행위들이 시작되고 이는 다시, 이론적으로 보면, 극단으로 치닫기 마련이다".[48] 그래서 야만적 전쟁의 악순환은 한쪽이 궁극적으로 승리할 때까지 끝없이 반복된다. 그러나 토인비가 지적하듯이, 자신들의 동기와 방법들이 문명화된 것이며, 승리 그 자체가 이에 대한 충분한 증거라고 선포할 수 있는 처지에 이른 자들은 승자들이며, 반면, 패배자들은 예외 없이 도덕적으로 또 물질적으로 열등한 야만적 침략자들로 묘사되면서, 옳고 그름과 상관없이 그렇게 대우를 받게 되는 것이다.

이 장을 맺으면서 이 장의 시작이기도 했던 벤야민의 통렬한 주장으로 돌아가는 것이 적절해 보인다. "야만의 기록이 아닌 문명의 기록이란 존재하지 않는다."[49] 전쟁의 도가니만큼 이 말이 잘 들어맞는 곳은 없다. 야만은 야만을 낳는다. 지금껏 벌어졌고 앞으로도 벌어질 수 있는 모든 다른 전쟁에서도 그렇듯이, 어떤 교전 집단도 전쟁의 야만성에서 독점적일 수는 없다.

---

48 Carl von Clausewitz, *On War*(Princeton, NJ: Princeton University Press, 1989), 77.

49 Benjamin, *Illuminations*, 256.

5. 문명, 전쟁, 테러

아렌트가[1] 날카롭게 지적했듯이,

> 폭군, 전제군주, 독재자들의 테러는 고대로부터 지금까지 기록으로 전해지며, 또한 혁명과 반혁명의, 소수에 대한 다수의 그리고 인간 다수에 대한 소수의 테러, 국민 투표에 입각한 민주주의와 근대의 일당 체제의 테러, 혁명 운동의 테러와 소규모 공모자 집단들의 테러 역시 잘 알려져 있다.

나아가 그녀는 테러가 "사람들을 겁먹게 하여 항복하게 만드는 수단으로서" 대단히 다양한 형식 속에서 등장할 수 있고 등장하며, 아주 다양한 "정치 및 정당 체제와 "밀접히 연결되어" 있다는 것을 역사는 반복해서 증명해 왔다고 강조한다. 아렌트가 지적하는 국가의 폭력에 관한 사항들은 그녀의 고국인 독일의 역사에서 고통스러울 만큼이나 뚜렷이 나타난다. 실제로 그녀는 나치의 테러 위협으로부터 탈출하여 고국을 떠나 도망쳐야만 했다. 아렌트와 그녀의 동료 독일인들 및 인접한 유럽인들을 위협했던 것이 나치 국가의 전능할 정도로 위력적이고 도처에 존재했던 테러였다면, 보다 최근에 세계는 비국가적인 극단적 테러 집단들이 국가와 국민들에게 가하는 테러 위협의 충격적인 방식에 놀라움을 금치 못하고 있다. 일련의 테러 행위들 중에서 가장 눈에 띄는 것들은 2001년 9월 11일 뉴욕과 워싱턴 D. C.에 가해진 공격과 그에 뒤이어 일어난 마드리드와 런던에서

---

1 Hannah Arendt, "Mankind and Terror", in *Essays in Understanding, 1930-1954*, ed. Jerome Kohn (New York: Schocke Books, 2005), 297.

의 습격, 그리고 인도네시아와 자카르타 및 발리에서 서양인들을 겨냥한 공격이다.

우리는 21세기의 대부분을 테러의 시대에 살고 있다는 것을 정기적으로 떠올리면서 살고 있다. 실제로 우리가 어딜 가든 테러와 테러리즘이라는 말이 혀끝에서 맴도는 걸 경험한다. 정치가, 정책입안자, 정치전문가에서부터 대체로 정치적인 것에서는 떨어져 나와 그것에 대해 무관심한 "거리의 사람들"에서도 말이다. 그 어떤 뉴스 채널을 보거나 신문을 펼쳐 보면 우리는 테러와 테러리즘이라는 주제들에 직면할 수밖에 없을 것이다. 테러와 테러리스트들이라는 유령에 대한 고조된 각성상태는 세계의 지도자들이나 일반 공중에 대해서와 마찬가지로 학문 세계에도 적용된다. 이런 위협적 상황을 상기시키는 신호들은 공항에 도착하거나, 버스를 타거나, "의심스러운" 어떤 것에도 조심하라고 우리에게 요구하는 정부의 광고에 맞닥뜨릴 때면 반복적으로 등장한다. 집에 머물러 있는 시민들과 세계의 여행자들에게 똑같이 "경계태세를 갖추지만 두려워는 말라"는 신호가 주기적으로 전달된다. 그러나 그 밑에 놓인 메시지는 그 어느 곳에서도 그 누구도 스스로가 전적으로 안전한 곳에 있다고 생각해서는 안 된다는, 즉 테러와 테러리스트는 언제 어디서든 나타날 수 있다는 것이다 — 이 자들은 심지어 우리와 함께 걷고 있을지도 모른다. 2012년 런던 올림픽에서 나타난 가끔씩 과도했던 보안 태세는 테러리즘의 위협이 얼마나 심각하게 취급되는지를 보여준 좋은 예이다.

동시에, 세계의 많은 지역에서는 끝없는 "테러와의 전쟁"이라고 불릴 만한 것을 수행하느라 바쁘다. 어떤 의미에서 우리는 이런저런 방식으로 테러에 속박되어 있다고 할 수도 있다. 그래서 우리가 테러의 손아귀에 붙잡혀 압박당하는 것이 아니라 해도, 우리는 여전히 대테러 활동의 점증하는 영향권에 둘러싸여 있는 것이다. 현재 지구를 강타하고 있는 테러와 대테러의 물결은 지금껏 세계의 지도자들이 너무도 쉽사리 무시해 왔던 많은 중요한 문제들을 제기한다. 우리가 테러라는 말로 의미하는 바는 무엇인가? 그것은 어떻게 묘사되고, 평가되며, 경험되는가? 9월 11일 이후의 현상은 전적으로 새로운 것인가? 현재의 테러리스트 위협은 유례없는 것인가? 테러와의 전쟁은 우리에게 주기적으로 일깨워지는 것처럼 그렇게 정말 그 어떤 것과도 다른 전쟁인가? 그것은 실제로 야만에 맞선 전쟁이며 문명을 위한 전쟁인가? 오늘날 우리가 알고 있는 테러리즘이 독특하게 "우리 시대의 현상"이라고 언급되어 왔지만,[2] 그런 생각은 우리가 이러한 시급한 관심사에 접근하는 시각의 범위를 협소화하거나 모호하게 만들 위험이 있다.

테러리즘이란 무엇인가?

최근 테러 사태의 발발에 뒤이어 테러리즘이라는 현상과 그 행위자 내지는 범행자인 테러리스트를 거의 모든 가능한 각도에서 탐구하기 위해 많은 시간과 공간 그리고 에너지가 기울여졌다. 근본주의 테러리즘이라는 이러한 흐름은 테러리즘이란 무엇인가, 테러리스트란

2 Igor Primoratz, "What is Terrorism?", *Journal of Applied Philosophy* 7, no. 2 (1990), 136.

누구인가, 테러리스트의 구체적 목표는 무엇인가, 그리고 어떻게 이들에 맞서 잘 싸울 수 있는가에 대한 수없이 많은 동시대적 정의들을 만들어냈다. 어떤 평론가들은 테러리즘의 역사로 파고들어 로마에 대한 최초의 유대인 반란(66-69 BC) 관련 이야기들과 로마인 적들의 목을 베기 위해 sicas라고 불린 짧은 칼을 숨겨 소지하고 다녔던 열성분자들의 역할에 대한 이야기들을 연결시키면서 그들의 설명을 시작하기도 했다. 다른 이들은 암살자(assasin)라는 용어가 11세기에서 유래하는데, 이 당시 *fidais*로 알려진 하산 이븐-사바(Hasan ibn-Sabah)의 부대는 마약에 취한 킬러들로 이루어졌고, 이들의 습격으로 공포에 떨었던 자들로부터 "해시시를 먹는 자들"(hashishi-eaters) 또는 *hashishin*으로 불렸다는 것을 지적하기도 했다.

오늘날 상황의 긴박함과 이것이 낳은 정의들의 집합체에도 불구하고, 폴 윌킨슨(Paul Wilkinson)이 최근의 테러리즘 전문가의 급증과 테러리즘 및 테러리스트를 이해하려는 움직임의 분주함에 앞서 지적했듯이, "정치적 폭력 또는 정치적 테러리즘에 대한 적절하고도 일반적으로 받아들여지는 과학적 이론은 존재하지 않는다".[3] 이것은 아마도 테러리즘이 무엇이며 테러리스트가 누구인가에 대한 일종의 합의에 도달하는 것이 얼마나 어려운지가 고려된다면, 그다지 놀랄 일은 아닐 것이다. 예를 들어, 2006년 9월 UN총회의 192개 회원국들 모두는 UN의 세계적 대테러 전략(United Nations Global Counter-Terrorism Strategy)을 채택하는 데 동의했다. 그러나 테러리즘을 구성하는 것이

3 Paul Wilkinson, *Political Terrorism* (New York and Toronto: John Wiley & Sons, 1974), 125.

무엇이며 그것을 어떻게 가장 잘 정의할 수 있는지에 대해서는 아무런 합의도 없었다. 그래서 이 일은 개별 회원국의 재량에 맡겨졌다. 그 이후에도 여전히 가장 적절한 정의들에 대한 논쟁과 의견 충돌이 존재한다. 미국은 이런 점에서 좋은 사례가 되고 있는데, 미국에서 테러리즘과의 싸움에 관계하는 다양한 부처들과 기관들 각각은 — 정말 많은 곳에서 여기에 관여하는데 — 그 자신의 우선순위와 기준들을 반영하는 정의를 사용하는 경향이 있다.

다른 한편 유럽연합(EU)은 테러리즘과의 싸움에 관한 2002년 6월 13일의 의회 기본 결의 2002/475/JHA에서 테러리즘과 테러리스트를 정의하였다. 흥미로운 것은, 유럽 지역에서 있었던 기나긴 테러리즘의 역사에도 불구하고, 2001년 9월 11일 미국이 당한 테러 공격이 비로소 EU로 하여금 테러리즘의 문제를 다시 논의하도록 촉발시켜, 테러리즘 공격은 "사람들을 위협하고 한 나라의 정치적, 경제적, 또는 사회적 구조를 심각하게 변경시키거나 파괴시키려는 목표를 가지고(살인, 신체적 상해, 인질극, 강탈, 무기 제조, 폭행, 위에서 열거한 것들 중 어느 하나라도 행하려고 위협하기 등등을 포함하여) 자행되는 것"이라는 내용을 담은 결의안을 채택하게 했다는 것이다. 여기서 테러리스트 집단은 "두 명 이상으로 이루어지고 일정한 기간에 걸쳐 설립되며 협력적으로 행동하는 구조화된 조직체"로 정의된다. 그러나 널리 인정받는 정의에 도달하는 문제는 2002년 4월에 발표된 이슬람협력기구(Organisation of Islamic Cooperation)의 국제 테러리즘에 관한 쿠알라룸푸르 선언에서도 강조되고 있다. 이 선언문은 "외국의 침략에 대한" 정당한 저항권과 더불어 "민족 해방 및 자결권을 위해 식민지 또는 외국의 지배 및 외국의 점령 상태 아래에 있는 민족들의 투쟁"을 반복적으로 말하고 있다. 이 경우에 "테러리즘에 관해 국제적으로 합의된 정의의 긴급함은 강조되고 있지만, 정당한 투쟁이라는 것과 테러리즘 행위는 구별되고 있다".[4] 정의상의 이런 진퇴양난에 더하여, "테러리즘"과 "테러리스트"라는 꼬리표는 또한 세계의 여러 정부들이 위협적으로 또는 이런저런 이유로 못마땅하게 여기는 다양한 집단들을 폄하하기 위해 다소 무차별적으로 또 편견이 실린 채로 사용된다. 그리고 이런 집단들의 많은 수는 이슬람협력기구가 "정당한 저항"으로 인정하는 범주에 포함될 수도 있다.

각국 정부, 정책입안자들 그리고 국제기구들이 직면하고 있는 정의상의 특수성 문제에도 불구하고, 정치적 테러는 "폭력의 정도에 따른 위계의 한쪽 끝에 놓인 종족학살, 대학살, 정치적 살해와 고문으로부터 그 다른 쪽 끝의 물리적 구타, 괴롭힘, 중상모략 활동에까지 걸쳐 있다"고 말해진다. 윌킨슨은 "국가나 어떤 운동 또는 파당 쪽에서, 또는 소규모 집단에 의해서 조직화된 테러의 전개를 포함하는 지속적 정책이 시도될 때, 정치적 테러리즘이 현존하는 것"이라는 견해를 피력한다.[5] 따라서, 정치적 폭력이 자행된 고립된 사건이나 행위 또는 일련의 무작위적인 행위들이 반드시 정치적 테러리즘을 구성하지는 않는다. 여기서 반드시 필요한 것은 동기이다. 즉, 일반적으로 무의미해 보이는 테러리즘의 경우에도, 그것은 거의 언제나 어떤 목적이나 목적들을 위해 활용된다. "테러리즘은 목적을 지니는 협박이

---

4 테러리즘과 관련된 좀 더 많은 정의상의 주제들에 대해서는 다음 참조. Alex P. Schmid and Albert J. Longman, *Political Terrorism: A Research Guide to Concepts, Theories, Data Bases and Literature* (New Brunswick, NJ: Transaction Publishers, 2005).

5 Wilkinson, *Political Terrorism*, 15, 17.

다. 즉 테러는 다른 사람들로 하여금 그들이 다른 경우라면 하지 않았을 것을 하도록 유발하는 의도로 사용된다. 테러리즘은 강제적인 협박이다."[6] 그렇다면 본질적으로 보아, 칼 웰만(Carl Wellman)이 말하듯이, 테러리즘의 개념적 핵심에 놓인 것은 테러와 강제이다, 전자인 테러는 "본질적인 수단이고, 후자인 강제는 본질적인 목적이다. 어떤 주어진 정치적 테러 행위에 있어 외적인 정치적 목표와 목적들의 수가 어느 정도로 있든지 간에, 모든 테러리즘의 행위가 갖는 내적인 목표와 규정적 목적은 강제이다".[7]

역사를 통해 존재했던 테러의 다양한 유형학들을 고려해 볼 때 — 자코뱅들, 히틀러, 스탈린, 프랑코, 오사마 빈 라덴 그리고 알 카에다. 아부 니달(Abu Nidal), 일리치 라미레즈 산체스(Ilich Ramírez Sánchez/ 자칼 카를로스), 붉은 여단, 바더-마인호프단(Baader-Meinhof Gang), IRA, ETA, 스턴 갱단(Stern Gang), 티모시 맥베이(Timothy McVeigh), Aum Shinriko, 시어도어 카진스키(Theodore Kaczynski/ 유나바머(Unabomber) 등을 생각해 보라 — 테러에 관한 모든 것을 포괄하는 이론이 존재하지 않는다는 것은 그다지 놀랄 일이 아니다. 더욱이, 테러리즘을 전문으로 하는 연구의 급증에도 불구하고, 또는 아마도 바로 그 때문에, 테러리즘과 테러리스트가 — 일관적인 이론으로 정립되는 일은 고사하고 — 일반적으로 합의 가능한 수준으로 또는 만족할 만한 정도로 정의되기란 악명 높게 어렵다는 것은 정말 놀랄 일이 아니다.

6 Primoratz, "What is Terrorism?", 130.

7 Carl Wellman, "On Terrorism Itself", *Journal of Value Inquiry* 13, no. 4 (1979), 251.

전쟁과 테러리즘

2001년 9월 11일의 테러리스트 공격에 앞서서조차도 테러리즘은 일종의 "새로운 야만" 또는 오늘날의 "야만적 전쟁"으로 간주되었다. 군사 역사가와 이론가인 휠러는 "현대 테러리즘으로부터 받은 충격은 17·8세기에 북아메리카에서 당시 유럽인들의 게임 규칙을 무시했던 인디언들의 매복 습격을 받았을 때 유럽 군인들이 느꼈던 격노와 닮았다"고[8] 언급한다.(이는 존재하는지를 알지 못하는 규칙을 무시한다는 것 자체가 불가능하다는 것을 인정하거나 인식하고자 하지 않는 태도의 또 다른 경우라 할 만하다.) 테러리즘은 "죄 없는 희생자를 향해 저질러지는 예기치 않은 야만성이 갖는 충격의 강도"로 인해 맹렬히 비난받는데, "이런 야만성은 문명이 곧 무정부 상태로 돌입할 것만 같은 인상을 만들어낸다".[9] 테러리스트는 "시민사회와 자연 상태를 나누는 규제들을 특별히 폭력적이고도 노골적인 방식으로 벗겨내 버리는" 사람이다.[10] 테러리스트의 목표는 "전 세계가" 시민적 질서를 결여한 "홉스적인 자연 상태임"을 공언하는 것이다.[11]

"야만적 전쟁" 테제의 전통에 서서, 휠러는 "관례적인 전쟁이란

---

8 Everett L. Wheeler, "Terrorism and Military Theory: An Historical Perspective", *Terrorism and Political Vilolence* 3, no. 1 (1991), 15.

9 Wheeler, "Terrorism", 6.

10 Loren E. Lomasky, "The Political Significance of Terrorism", in *Violence, Terrorism, and Justice*, eds. R. G. Frey and C. W. Morris (Cambridge: Cambridge University Press, 1991), 99.

11 Robert Phillips, "Terrorism: Historical Roots and Moral Justification", in *Terrorism, Protest and Power*, eds. M. Waner and R. Crisp (Alserhot: Edward Elga Publishing, 1990), 77.

무엇보다도 공개적 전투와 — 많은 것이 명문화되어 있지는 않더라도 — 규칙들의 준수를 요구하지만, 테러리즘은 원시 전쟁과 마찬지로 가장 문자 그대로의 의미로 관례에 따르지 않는다. 즉 충돌하는 양쪽은 공유된 일단의 가치들을 결여하고 있다". 아메리카, 오세아니아, 아프리카, 아시아, 중동, 그리고 심지어 유라시아의 야만인들이 벌이는 것으로 여겨지는 전쟁과 마찬가지로, "무엇보다도 테러리스트는 총력전 및 정규군과의 대치를 회피하면서, 원시 전쟁의 전술들 즉, 기습, 매복, 기만, 치고 도망가는 술책에 의존한다".[12] 고상하고 기사도적이라고 여겨지는 관례적인 전쟁 방식에서 이렇듯 벗어나는 것은 존 킨(John Keane)이 "불합리한 것으로의 살인적인 환원"이라고 간주하는 것의 아주 중요한 부분을 형성한다. 그에 따르면 이런 환원 속에서 오늘날의 테러리스트와 게릴라들은 "자폐증 환자"와 유사하다. 나아가 그들은 관례적 전쟁과 베스트팔렌 모델 및 필라델피아 모델에 의해 강제된 적이 있던 정부, 군대, 민간인이라는 3중의 구별을 훼손하는 "자기파괴적 깡패들"로 묘사되기도 한다. 그렇게 그들은 "국가에 의해 오랫동안 주장되어 온 군대의 법적인 독점권을 뒤집어엎고, 전쟁과 범죄의 구분도 없애버리며, 갈등이 '범죄적 무정부 상태'로, 죽음을 암시하는 파괴와 자기파괴로 악화되도록 몰아간다".[13]

2001년 9월 11일에 있었던 테러리스트 공격의 직접적인 여파 속에서 영국의 저명한 군사 역사학자 존 키건은 런던의 『텔레그래프』(*The Telegraph*)지에 자신의 견해를 담은 글 한 편을 기고했는데(이

---

12 Wheeler, "Terrorism", 14-15.

13 John Kean, *Reflections on Violence* (London: Verso, 1996), 141.

글은 세계 곳곳에서 다시 인쇄된 바 있다), 그는 여기에서 다음과 같이 언명했다.

> 서양인들은 서서 벌이는 전투에서 얼굴을 맞대고 싸우며, 한 편이 항복할 때까지 싸운다. 그들은 사용하기에 가장 투박한 무기를 선택하며, 비서양인들에게는 기묘하게 보일지도 모르는 명예의 규칙이라는 것을 준수한다. 이와는 대조적으로 동양인들은 총력전을 꺼리는데, 이런 전투를 그들은 일종의 게임이라고 조소하면서 매복, 기습, 배반 그리고 기만을 적을 굴복시키는 최선의 방법으로서 선호한다.[14]

같은 기고문에서 키건은 "서양의 전쟁 방식은 기습과 센세이션을 일으키는 것과는 대조적으로 끈질기다."라고 주장한다. 여기서 서양적 전쟁 방식은 동양적 전쟁 수행 양식을 크게 손상시키는 스타일이라고 언급된다. 키건은 계속해서 그가 과거의 야만인들과 오늘날의 야만인들 간의 명백한 연계성이라 믿는 것들을 요약적으로 제시하면서, "동양의 전쟁 도발자들, 오늘날의 테러리스트들은 매복과 급습이 그들의 적들을 동요시키고 또 공포를 심어 주는 잔혹행위를 통해 나중의 단계에서도 계속해서 승리를 거둘 수 있게 해 줄 것으로 믿는다"고 언명한다. 다른 글에서 그는 알 카에다 테러리스트 네트워크에 대해 언급하면서 다음과 같은 주장을 제시한다. "매우 [...] 그러니까 그것은 매우 이슬람적이면서도 특히 매우 아랍적인데, 여러분은 그것의

---

14 Sir John Keegan, "Why the West will Win", *The Age* (Melbourne, Aust.), October 9, 2001.

뿌리가 — AD 7세기까지 거슬러 올라가는 — 이슬람적이면서 특히 아랍의 이슬람적 전쟁 수행 스타일이라는 것을 알 수 있다. 기습 공격 [...] 승리 [...] 살인 그 자체를 위한 살인."[15] 다른 문명들에 대한 엄청난 지식과 이해가 주는 이점에도 불구하고, 여기서 묻어나는 정서는 신대륙과 다른 "미개한 지역"에 대한 연대기 작가들이 단순한 추측과 지어낸 이야기 그리고 여행가들의 신뢰할 수 없는 서술에 기초하여 내놓았던 것들이 주는 느낌과 그다지 크게 달라 보이지 않는다.

알 카에다와 이 조직의 후원자들에 맞서 동맹을 맺은 서양 세계의 지도자들은 테러와의 전쟁이 이슬람 또는 아랍 세계와의 전쟁이 아니라는 것을 강조하느라 애쓰고 있다. 그들이 역설하는 바에 따르면, 그것은 헌팅턴에 의해 유명해지고 이 책의 7장에서 상세히 다루게 될 "문명의 충돌"이 아니다.[16] 이처럼, 대부분의 지도자들은 — 여기서 이탈리아 수상인 실비오 베를루스코니(Silvio Berlusconi)는 주목할 만한 예외가 되겠는데[17] — 자신들이 이슬람이나 아랍 문명을 서

---

15 Sir John Keegan, interviewed on *Foreign Correspondent,* Australian Broadcasting Corporation, October 10, 2001 〈http://www. abc.net.au/foreign/stories/s387060. htm〉.

16 Samuel P. Huntington, "The Clash of Civilisations?", *Foreign Affairs* 72, no, 3 (1993), 22-49; *The Clash of Civilisations and the Remaking of World Order* (London: Touchstone Books, 1998) 참조.

17 베를루스코니는 2001년 9월 26일 베를린에 체류하면서 다음과 같이 언급한 바 있다. "우리는 우리 문명의 우월성에 대해 의식해야만 한다. 이 우월성은 사람들에게 자신들을 포용하고 인권과 종교에 대한 존중을 보장하는 나라들에서의 폭넓은 희망적 전망을 갖게 하는 가치 체계로 구성된다. 이러한 존중은 확실히 이슬람의 나라들에서는 존재하지 않는다." 그는 나중에 이 발언을 철회하면서 자신의 발언의 뜻이 왜곡되었고 전체 맥락이 빠져 버렸다고 주장했지만, 그가 받은 타격을 회복할 수는 없었다.

양 문명에 비해 열등한 것으로 묘사하지 않고 있음을 확신시키느라 온갖 노력을 다하고 있다. 그러나 이것이 곧 서양의 평론가들이 이런 노력에 동조해야 할 의무감을 느끼고 있음을 뜻하는 것은 아니다. 예를 들어 키건은 테러리즘과의 전쟁에 대한 그의 논평을 지난 세기들이 보여준 무지한 견해들을 상기시키는 다음과 같은 성급한 혹평으로 마무리하고 있다.

> 이 전쟁은 안정적이고, 창조적이며 생산적인 서양인들과 약탈적이고 파괴적인 동양인들 간의 아주 오래된 갈등이라는 훨씬 더 큰 스펙트럼 내에 자리 잡고 있다. 사막과 공허한 공간의 민족들이 농업과 제조업에 종사하는 민족들과 동일한 수준의 문명 상태에 있다는 것은 쓸데없는 가정일 뿐이다. 그들은 동일한 수준에 있지 못하다. 서양 세계에 대해 그들은 따먹기에 좋도록 충분히 익은 세계라는 태도를 변함없이 견지해 왔다. 서양이 심술궂게 변하고 더 좋은 무기와 우월한 전략 전술로 반격을 가하자, 동양은 서양과 경쟁을 추구하는 대신 급습과 기습 공격이라는 새로운 형식으로 자신들의 분노를 표출하고 있다.[18]

나는 여기서 잠시 야만적 전쟁 테제로 돌아가고자 하는데, 우선은 또 하나의 핵심적 관심사를 보다 상세히 탐구해 보려 한다. 이 관

---

18 Sir John Keegan, "Why the West will Win". 좀 더 호의적이면서 균형 잡힌 비교 연구로는 Roxanne L. Euben, *Enemy in the Mirror: Islamic Fundamentalism and the Limits of Modern Rationalism: A Work of Comparative Political Theory* (Princeton, NJ: Princeton University Press, 1999) 참조.

심사란 테러와의 전쟁이 그 어떤 것과도 다르다는 개념인데, 이것은 이 테제와 전적으로 무관하다고 할 수 없다. 정치적·군사적 지도자들은 그들이 테러와의 전 세계적 전쟁에서 이루어졌다고 주장하는 진전을 입증하려고 또 "우리가 전쟁에서 이기고 있다는 것"을 입증하려고 애쓰면서, 자주 다음과 같은 지겹지만 신뢰를 얻기는 하는 설명에 호소한다. "이 전쟁은 그 어떤 것과도 다르다." 어떤 의미에서는 그들이 옳을 수도 있겠다. 이 전쟁은 그 어떤 것과도 다른 것이다. 그러나 모든 전쟁이 그 어떤 것과도 다르다. 동시에, 이상하기는 하지만, 모든 전쟁은 모든 다른 전쟁과 **마찬가지이다**(적어도 어떤 점에서는 말이다). 테러와의 전쟁이 벌이는 싸움과 관련하여 과거의 분쟁들에 등장했던 전투원들의 특징들에서 어떤 선례나 유사한 것들이 존재한다는 사실은 선행하는 장들에 포함된 예들과 논의들로부터 분명히 드러났을 것이다. 여기서 또 하나의 중요한 질문이 나타난다. 테러와의 전쟁은 정말로 전쟁이기는 한가?

우리가 이미 서론과 3장에서 소개한, 그리고 루소가 『사회계약론』에서 정리한 것과 같은 기준을 따른다면, 이 전쟁은 아마도 진정한 전쟁이 아닐 것이다. 루소는 이렇게 쓰고 있다.

> 전쟁이란 [...] 인간들 사이에서 벌어지는 관계가 아니라, 국가들 간의 어떤 관계이다. 전쟁에서 개인들은 전적으로 우연히 적이 된 것뿐이며, 그것도 인간으로서나 시민으로서가 아니라 단지 군인으로서 그렇게 된 것이다. 즉 자기들의 나라의 구성원으로서가 아니라 단지 그 나라를 지키는 수호자로서 말이다. 한마디로 말해, 한 국가에 대해 적은 오직 다른 국가일 뿐이지, 인간들이 아닌 것이다. 왜냐

하면 상이한 내재적 본성을 가진 것들 사이에는 그 어떤 실질적인 관계도 있을 수 없기 때문이다.[19]

그러나 루소의 언명은 테러리즘과의 무제한적인 세계적 전쟁의 시대에는 — 그리고 이 전쟁에 참여하는 주역 중의 하나가 국가가 아닌 시대에는 — 약간 구식으로 비칠 수 있다. 다양한 주장들과 반대 주장들이 제기되어 왔지만, 이 문제는 명백한 답을 낼 수 없으며, 흑백을 가릴 수 있기보다는 회색에 가깝다. 여하튼 테러와의 전쟁은 땅 위에서 일어나는 일이다. 그것은 아프가니스탄에서 벌어지며, 아프가니스탄에 대해서 벌어지는 것이 아니다. 이 전쟁은 이라크에서도 지속되어 왔지만, 반드시 이라크에 대해서 벌어지는 것이 아니다. 가끔 이 전쟁은 런던에서, 마드리드에서, 발리에서 그리고 테러리스트들이 전장으로 만들려고 선택한 그 어떤 곳에서도 벌어진다.

휠러에 따르면 테러리즘은 게릴라전과의 연결점이나 그것에 가까운 연관성을 지닌 원시적 전쟁 형태이기는 하지만 하나의 전쟁 형태로 인정되어야만 한다. 그는 이렇게 말한다. "전통적인 군사 이론의 관점에서 보면 [...] 테러리즘은 계략이라는 개념 내에 포함되는 방안들의 부분집합을 이룬다."[20] 계략이란 다시 "전쟁에서의 전략적이거나 전술적인 술수, 기만, 교활함의 행위"로 정의되며, "이를 행하는 쪽은 이를 통해 적에 대해 심리학적이거나 물질적인 이득을 얻

19 Jean-Jacques Rousseau, *The Social Contract* (Harmondsworth: Penguin, 1968), 56.

20 Wheeler, "Terrorism", 10.

기를 기도한다".[21] 테러리즘과 이에 맞선 전 세계적 전쟁이 진정으로 전쟁이냐 아니냐 하는 것은 — 후속하는 장에서 더 상세히 논의되겠지만 — 전투원들의 법적 지위 및 그들에게 부여되는 의무사항들의 핵심과 직결되는 중요한 문제이다. 휠러가 지적하듯이 "법적 지위의 문제는 게릴라전과 테러리즘이 원시 전쟁과 맺는 관계와 연관되어 있다. 그리스-로마 시대에 군인은 법적으로 정의된 적(iustud hostis)으로서 해적이나 범법자와는 법적인 신분이 달랐는데, 후자의 폭력적 행위는 범죄였으며 이들은 그 어떤 법적 지위나 권리를 요구할 수 없었다".[22] 이러한 법적인 무방비 상태야말로 "적 전투원(enemy combatant)"으로 판정된 사람들이 관타나모 수용소에 송치되어, 그들의 운명이 결정되는 것을 기다리면서 처하게 되는 입장인 것이다. 즉 여기서 이들은 전쟁 포로에게 주어지는 법적 권리나 특혜의 많은 부분을 제공받지 못한다.

테러와의 전쟁

2001년 9월 11일 테러리스트 공격 직후 미국 대통령 부시(George W. Bush)는 전 세계적인 테러와의 전쟁을 선언하였다. 세계 각국의 지도자들은 계속해서 이 선언을 지겹도록 반복했다. 우리는 이 전쟁이 "그 어떤 것과도 다르다"는 말을 숱하게 들었다. 위험성이 크다는 것

21 Wheeler, "Terrorism", 24.
22 Wheeler, "Terrorism", 18.

이다. 부시에게 있어 이 전쟁은 "문명을 **위한** 전쟁"에 다름 아니었다. 오사마 빈 라덴의 말을 믿을 수 있다면, "제3차 세계대전"의 도래와도 같았다. 부시와 오사마 빈 라덴이 더 이상 공격을 지휘하지는 않지만, 양쪽에는 이것이 "선"의 힘과 "악"의 힘 사이의 최종적인 투쟁이라는, 각자 그들만이 신과 함께 정의롭다는 확신이 남아 있다. 부시 행정부의 치명적인 "악의 축" 선언과 "당신들이 우리와 함께하지 않으면 테러리스트들 편이다"라는[23] 주장을 맞받아치면서, 알 카에다의 당시 제2인자였던 아이만 알자와히리(Ayman al-Zawahiri)는 이와 유사하게 "중간 지대를 없애 버리고 선과 악의 천년왕국적인, 종말론적인 전투를 위한 장을 마련하는 — 지상에서의 신의 통치를 위한 — 양분된 세력의 투쟁"이란 것을 요약해서 제시하였다.[24]

미국에 대한 9/11 테러리스트 공격이 사실상 군사적 대응을 요구하는 전쟁 행위였는가 아니면 법적이고 정의에 기초한 대응을 요구하는 범죄 행위였는가 하는 것은 많은 논쟁을 불러일으킨 문제이다. 당시 국무장관이던 콜린 파월(Colin Powell)의 첫 반응은 그가 이 사태를 전쟁 행위라기보다는 범죄행위라는 측면에서 파악했음을 보여주는데, 그는 다음과 같이 말했다고 전해진다. "여러분은 미국이 이 비극을 그들이 정의에 대해 책임지게 하는 방식으로 다룰 것이라고 확신하게 될 겁니다." 그러나 부시 대통령은 다른 생각을 가지고 있었

23 George W. Bush, Address to a Joint Session of Congress and the American People, September 20, 2001.

24 Quintin Wiktorowicz, "A Genealogy of Radical Islam", *Studies in Conflict & Terrorism* 28, no. 2 (2005), 81. 이 글에는 알자와히리의 팸플릿인 *Knight's under the Prophet's Banner*로부터 나온 발췌문들이 포함되어 있다.

는데, 이와 관련하여 그는 나중에 밥 우드워드(Bob Woodward)에게 자기의 즉각적인 반응이 다음과 같았다고 말했다. "그들은 우리에게 전쟁을 선언한 것이었고, 나는 그 순간 우리가 전쟁을 하게 될 것이라고 마음먹었다."[25]

부시는 2005년 6월 28일 노스캐롤라이나의 포트 브래그(Fort Bragg)에서 한 "대국민 연설"에서 교전 당사자들이 사용하는 전술은 그들의 문명화의 정도를 반영한다는 관념을 더욱 강조했다. 즉 문명화된 쪽은 기사도적이고 고결한 전술을, 문명화되지 않은 쪽은 야만적이고 비겁한 저술을 사용한다는 것이다. 부시는 이렇게 말했다.

> 우리는 바그다드의 혼잡한 상가 쪽을 따라 — 모스크 바깥의 거리에서도 역시 — 차량 폭탄을 터뜨리는 테러리스트들에서 적의 본질을 봅니다. 우리는 모술의 의과대학 부속 병원에 자살 폭탄범을 보내는 테러리스트들에서 적의 본질을 봅니다. 우리는 민간인 인질을 참수하고 그들의 잔혹행위를 전 세계가 시청하도록 방송하는 테러리스트들에서 적의 본질을 봅니다. 이것들이야말로 잔인무도한 야만적 행위입니다.

부시는 다음과 같이 주장하기까지 한다. "우리는 맹목적 증오를 지닌 — 그리고 치명적 무기로 무장한 — 인간들과 싸우고 있습니

25 John Denvir, "Bush's Savage War", *Picturing Justice: The On-Line Journal of Law and Popular Culture*, January 9, 2004. 〈http://usf.usfca.edu/pj//savage_denvir.htm〉 또한 Bob Woodward, *Plan of Attack* (New York: Simon & Schuster, 2004) 참조.

다." 이들 현대의 야만인들은 예전의 아메리카 원주민이나 베트콩 같다. "이들은 제복도 입지 않습니다. 그리고 이들은 그 어떤 전쟁 규칙이나 도덕도 존중하지 않습니다."[26] 테러와의 전 세계적 전쟁이 "순전히 악하고 규칙에 따라 싸우는 것을" 거부하는 적에 맞선 "그 어떤 것과도 다른 전쟁"이라는 슬로건과 결합되면, 결국 이로부터 나오는 결론은 이 전쟁이 다른 경우에 사용되었을 법한 것들보다 반드시 더욱 잔인한 전술과 전쟁 수단을 요구한다는 것이다.[27]

테러리즘과의 전 세계적 전쟁을 일종의 문명화되지 못한 타자에 — 테러리스트들과 이들의 지지자들에 — 맞서 문명을 위해 벌이는 싸움으로 묘사하는 것은 매우 중요한 사항이다. 여기서 발생하여 널리 알려지는 이미지는 **문명**이 대표하는 모든 것을 지키는 문명화된 수호자와 문명에 대립하여 이를 파괴하고자 하는 야만적 테러리스트들 간의 전쟁이라는 이미지이다. 아이러니컬하게도, 이와 유사한 주장을 이 마니교적 이원론의 한쪽에 있는 빈 라덴 및 다른 이들이 내놓기도 했다. 옳든 그르든, 이 이미지가 꼭 새로운 것은 아니며, 그렇기에 "테러와의 전쟁"은 정확히 그 어떤 것과도 다른 전쟁인 것은 아니다. 오히려, 앞선 장에서 서술했듯이, 역사와 선례들은 테러와의 이 전 세계적인 전쟁의 현재와 그 수행방식에 대해 우리에게 말해 줄 것

---

26 George W. Bush, "President Addresses Nation, Discussing Iraq, War on Terror", June 28, 2005.

27 "인디언 식인종"에서부터 "국제 테러리즘 요원"에 이르기까지 "정치적 적들을 과장하고, 낙인 찍으며, 비인간화하는" 미국 정치에서 계속되어 온 양상에 대한 적절한 설명을 위해서는 Michael Paul Rogin, *Ronald Reagan, the Movie: and Other Episodes in Political Demonology* (Berkeley, CA: University of California Press, 1987) 참조.

을 가지고 있다.

테러리스트들은 실제로 극악무도하고 범죄적인 짓을 범했다. 이는 테러리즘에 대한 전 세계적 전쟁을 수행하는 쪽에서 주장하는 바이기도 하다. 테러리스트들에게 있어, 잔혹하고도 냉혹한 행위들은 미리 정해진 정책이기도 하다. 빈 라덴이 다음과 같이 공표한다 해도 말이다.

> 우리는 우리의 예언자 무함마드의 사명을 수행하고 있다(평화가 그에게 내리시기를). 이 사명은 신의 세계를 확대하는 것이지, 사람들을 학살하는 일에 빠지는 것이 아니다. 우리 자신이 죽임과 파괴와 잔혹행위의 대상들이다. 이는 방어적 지하드(Jihad)이다. 우리는 우리의 동포들과 우리의 땅을 지키기를 원한다. 이것이 바로 내가 다음과 같이 말하는 이유, 즉 우리에게 안전이 확보되지 않는다면, 미국인 역시 안전해지지 않을 것이라고 말하는 이유이다. 이것이야말로 미국의 어린이조차 이해할 수 있는 단순한 공식이다. 즉 이것은 생존의 또한 생존하게 함의 공식인 것이다.[28]

그 잔혹성에도 불구하고 알 카에다는 민간인을 표적으로 삼고, 자살 폭탄을 사용하며, 동료 무슬림을 죽이는 일을 합리화하고 정당

---

28 Osama bin Laden interview with Hamid Mir, "Osama Claims he has Nukes: If uses N-arms it will Get Same Response", *Darwin: The Internet Edition*, November 10, 2001. 〈http://archives.dawn.com/2001/11/10/top1.htm〉 빈 라덴의 연설들 중 다수가 다음의 책에 들어 있다. Bruce Lawrence (ed.), *Message to the World: The Statements of Osama bin Laden*, trans. James Howarth (London: Verso, 2005).

화하려고 상당히 애써 왔다.[29] 이와 유사하게, 알 카에다 및 다른 급진적 지하디스트 단체들은 그들이 자신들의 대의를 추구함에 있어 이슬람 율법인 샤리아(Sharia law), — 많은 이들이 주장하는 것은 왜곡된 율법일 터인데 — 코란의 원리들, 이슬람 전통을 충실히 지키고 있음을 증명하느라 노력해 왔다.[30] 테러리즘에 대한 전 세계적 전쟁을 수행하는 쪽도 자신들의 잔혹행위들을 이라크의 아부 그라이브(Abu Ghraib) 교도소에서의 부끄러운 사건처럼 몇 안 되는 불량한 부대에 의해 저질러진 고립된 사건들인 것으로 정당화하거나 해명하려고 노력해 왔다. 그러나 그런 일들이 어쨌든 일어났고, 그런 잔혹행위들은 계속 일어나거나 밝혀지고 있다. 또한 널리 퍼진 "부수적 피해"와 같은 많은 다른 불미스러운 사건과 경우들이 있어 왔다. 그렇기에 고립된 잔혹행위의 사건들 이상의 어떤 것이 있음을 암시하는 충분히 많은 증거들이 발견되고 있는 것이다. 여기서 주장되어야 할 요점은 바로 그 한쪽인 테러리스트들이 페어플레이의 인정된 규칙들을 포기하는 선택을 한다고 해서, 그것이 분쟁의 다른 쪽도 같은 식의 행동을 하고, 이들 역시 전쟁의 "좀 더 잔인하고도" 무차별적인 수단을 채택해야 한다는 것을 의미하지는 않는다는 사실이다.

29 Wiktorowicz, "A Geneology of radical Islam", 75-97.

30 Quintin Wiktorowicz and John Kaltner, "Killing in the Name of Islam: Al Qaeda's Justification for september 11", *Middle East Policy X*, no. 2 (2003), 76-92.

결론

여기서 실제로 논의되는 사태는 문명화되지 않은 적에 의한 잔혹행위와 야만적 행위들—우선 9/11 테러와 그다음 마드리드, 발리, 런던, 다시 발리에서의 테러 그리고 이라크와 아프가니스탄에서 일어난 간과되어서는 안 되는 다수의 사건들—에 대한 반응으로 미국에 의해 주도된 의지의 연합체가 문명의 이름으로 그리고 선과 악의 투쟁이라는 이름으로, 필요한 그 어떤 수단에 호소하는 것을 — "좀 더 잔인한" 전쟁수단을 포함하여 — 정당화하려고 노력하고 있다는 것일 듯싶다. 이것은 "우리"와 "그들" 간의 전쟁이라는 유형과 같은 것이 되었는데, 나는 이에 대해 다음 장에서 좀 더 상세히 설명할 것이다. 그러한 사악하고 부도덕한 야만적 적에 맞선 전쟁을 승리로 이끄는 일은 종래의 수단으로는 가능하지 않다. 그래서 오히려 우리는 불에는 불로 맞서야 한다. 이것이 일반적인 논조이다. 또는 적어도 이것이 우리가 우리 자신을 확신시키려 하는 바이다. 그러나 그런 보다 저열한 본능이나 문명화되지 못한 수단들은 보편적으로 호소력을 지닐 수 있는 것들이고, 문명화된 "우리" 쪽에 의해서건 "그들"에 의해서건 간에 뜻에 따라 활용될 수 있는 것들이었다. 그리고 역사는 이와 관련된 충분한 것들을 말해주는 것 같다. 너무도 자주 적대세력들은 서로의 적을 비인간화한다. 예컨대 덕과 기사도를 결여한 저 문명화되지 않은 야만인들은 물질적으로 도덕적으로 인간의 도리를 벗어나 있다는 식으로 말이다. 이런 식으로 낙인찍는 일은 이른바 문명화된 쪽이 자신들이 혐오한다고 주장하며 또한 바로 문명이라는 관념에 배치된다고 주장하는 "좀 더 잔인한" 수단에 호소하는 것을 정당화하기 위해 이루어진다. 문명화되고 제복을 입은 기사도적 전투부대와 기회주의적이고 기만적인 야만인이라는 이분법은 틀린 것이다. 더욱이, 칸트가 『영구 평화론』에서 강조하고 있듯이, "심지어 철학자들조차도 '전쟁은 악인을 제거한다기보다는 오히려 악인을 더 많이 만든다는 점에서 나쁘다'는 저 그리스인의 격언은 생각하지 않은 채, 전쟁이 인간성을 고귀하게 만드는 것처럼 찬양하기도 한다".[31] 테러와의 전쟁도 예외가 아닌 것이다.

---

31 Immanuel Kant, "Perpetual Peace: First Supplement", in *Kant On History*, ed. Lewis White Beck (Indianapolis: Bobbs-Merrill, 1963), 111.

6. 전쟁 중인 우리와 그들

『심슨 가족』(*The Simpsons*)의 초기 삽화에 보면, 바트가 가족형 소파에 앉아 스키너 교장이 더 이상 자기의 장난스러운 행동을 격려해 주지 못하게 된 사실에 대해 한탄하고 있다. 대체로는 바트의 터무니없는 말썽들 때문에 스프링필드 초등학교 교장 직에서 해고당한 스키너는 다시 미군에 입대하는데, 그는 군대라는 기구를 학교 이외에 그의 인생에 "의미"를 주는 유일한 곳으로 여긴다. 깊은 한숨을 쉬며 바트는 그의 여동생 리사에게 고개를 돌리며 말한다. "기이한 일이야, 리스! 나는 그를 친구로 그리워하지만, 또 그보다 더욱 적으로서 그리워한단 말이야." 그녀의 나이에 비해 현명한 리사는 반항적인 오빠에게 말한다. "나는 오빠가 스키너를 필요로 한다고 생각해. 모든 사람은 숙적을 필요로 하지. 셜록 홈스에게는 모리아티 교수(Dr. Moriarty)가 숙적이지. 음료 마운틴 듀는 멜로우 옐로우라는 이름의 숙적을 가지고 있어. 매기조차도 그 눈썹이 하나인 아기를 숙적으로 가지고 있잖아." 바로 이때, 아직 아기인 여동생 매기 심슨이 창밖을 쏘아본다. 마침 뻐드렁니가 난 그녀의 숙적 아기 제랄드가 유모차에 탄 채 지나가고 있다. 그는 일자 눈썹을 깊숙이 찡그린 채, 위협하듯이 매기를 되노려본다.[1]

아리스토텔레스가 말했듯이, 우리 인간은 우리 삶이 의미와 목적을 갖기 위해서 일정한 형태의 공동체에(또는 공동체들에) 속할 필요가 있는 사회적 동물이다. 어떤 사람들에게는, 이런 공동체의 역할은 가족, 지역 공동체, 종교 집단, 스포츠 팀, 사교 클럽, 그리고 사회

1 "Sweet Seymour Skinner's Baadasssss", *The Simsons* (Gracie Films and 20th Century Fox Television, airdate April 28, 1994).

적 네트워킹 같은 것 등등에 의해 충족된다. 시모어 스키너 교장에게 이런 공동체란 학교거나 군대였다. 동시에 리사가 바트에게 지적하듯이, 공동체에 속할 필요가 중요한 것과 마찬가지로, 우리 속에서 경쟁으로 유발된 최선을 또는 최악을 끌어내게 하는 적 또는 숙명적인 적을 우리가 필요로 한다는 것도 중요해 보인다. 이러한 면은 개인이나 집단 모두에 적용되며, — 이윤경쟁이 벌어지는 시장에서부터 시청률을 거쳐 학교 순위에 이르기까지 — 경쟁이라는 관념에 따라 형성되는 경향이 있는 많은 현대 사회들에서 점증적으로 현저하게 나타나는 양상이기도 하다. 과도하게 경쟁적이고 도가 지나쳐서 그들 자신과 또 그들과 가까운 사람들에게 바람직하지 않은 결과를 가져오는 개인들이 있기도 하지만, 이 장에서의 주된 관심은 집단의 행동이다. 캐스 선스타인(Cass Sunstein)이 강조하듯이, 대개 "사람들이 모인 집단은" 결국 개인으로서는 숙고하지 않을 것조차 "생각하고 또 행동을 취하게 된다는 것이 사회적 삶의 일반적 사실이다". 훨씬 더 중요한 것은 "**사람들이 같은 생각을 지닌 이들로 집단을 이루게 되면, 이들은 극단적인 행위를 할 가능성이 특별히 많다는 점이다**. 그리고 그러한 집단들이 구성원들에게 무엇을 할 것인지를 말해 주는, 또는 이들에게 특정한 사회적 역할을 부여하는 지휘부를 포함하고 있을 때, 매우 나쁜 일이 발생할 수 있다". 이것은 은행원들과 테러리스트들 모두에게, 경찰과 시위대들에게도, 인종주의자와 개혁가들에게도 적용된다.[2] 그리고 이것은 군복무를 하는 남성과 여성에게도 적용되는데,

2 Cass Sunstein, *Going to Extremes: How Like Minds Unite and Divine* (New York: Oxford University Press, 2009), 2; 강조는 원저자.

나는 나중에 간략히 이에 대해 다시 언급하게 될 것이다.

역사와 문학에는 셰익스피어의 『로미오와 줄리엣』에 나오는 카풀렛 집안과 몬테규 집안으로부터 19세기 후반 웨스트버지니아와 켄터키의 경계선에 위치한 곳에서 발생했던 햇필드 집안(the Hatfields)과 맥코이 집안(the McCoy) 간의 치명적인 불화에 이르기까지 결국 비극으로 마무리되는 집단들의 경쟁 이야기가 산재해 있다. 두 집안 간의 이런 갈등들은 모두 사랑과 전쟁이라는 수단들을 포함했는데, 이는 특별히 골치 아픈 조합으로서, 여기에서 불행한 연인들은 대개 비극적인 균형에서의 패배자들이 되는 결말을 맞는다. 우리 대부분은 이런 격언에 익숙할 것이다. "사랑과 전쟁에서는 모든 것이 공정하다." 우리는 또한 이 말이 틀렸다는 것을 안다. 사랑과 전쟁 모두에는 우리 대부분이 개인으로서 넘어가지 않는 또는 넘어가지 않으려 할 것인 — 일반적으로 인정되는 — 경계가 있다. 가슴속의 문제에 있어서는, 바로 위에서 언급한 바와 같은 종종 지나치게 경쟁적인 구혼자는 이런 규칙을 따르지 않는 좀 더 흔한 예외일 것이다. 그러나 전쟁이라는 도가니에 대해 말하자면, 전투원들은 종종 개인으로서 생각하고 행동하지 않도록 유도된다. 예컨대 영화 『어 퓨 굿 맨』(*A Few Good Men*)에서 상당히 극적으로 묘사되었듯이, 미국 해병대의 부대원들은 자신들에 앞서 다양한 집단들에 대해 생각하도록 강요당한다. "법규를 존중하라 [...] 부대, 해병대, 신, 조국을!" 선스타인이 주장하듯이, 이것이 바로 잠재적으로 재앙을 낳는 비결이 되고 만다.

우리 대부분이 사랑과 전쟁에는 건전한 도덕적, 윤리적, 그리고 혹은 법적 이유로 인해 용납될 수 없는 것들이 존재한다는 것을 인정한다는 사실은 왜 이라크의 아부 그라이브 교도소에서 저질러진 것과 같은 학대나 잔혹행위가 폭로되면 광범한 비난과 경멸이 쏟아지는지를 설명해 준다. 그러나 우리가 그런 이미지들에 의해 적절히 충격을 받고 질겁하지만, 실제로 그것이 일어났다는 사실 자체에 놀라야 마땅한가? 실은 그 반대로, 이라크에서의 전쟁과 테러리즘과의 보다 광범한 전쟁에 이르게 된 그리고 이를 둘러싼 조건들은 바로 그런 결과를 낳도록 준비되어 있는 것이다. 선행하는 장들에서도 밝혔듯이, 역사에 대한 잠깐의 조망만으로도 전쟁 시기에 벌어지는 잔혹행위는 새로운 일이 아님이 드러난다. 이런 행위들은 사실 무력 분쟁의 너무도 흔한 당연한 결과물이다. 역사에 대해 좀 더 상세하게 검토해 보면 전쟁 시기의 잔혹행위를 벌어지게 하는 정황들이 보인다. 그리하여 그것은 또한 우리에게 이런 일들이 어떻게 가장 잘 회피될 수 있는지도 알려준다. 이 장은 왜 우리가 이라크에서의 전쟁 및 테러리즘과의 보다 광범한 전쟁의 추진에서뿐만 아니라 깊이 갈라진 적대적 당사자들 간의 거의 모든 무력 충돌에서 극심한 학대행위가 저질러졌다는 사실에 전적으로 놀라서는 안 되는가에 대한 이유를 개략적으로 설명하게 될 것이다. 여기서 이런 주제의 서술에서 중요한 역할을 하게 될 사람들은 전투에 적극적으로 참여했던 이들뿐만 아니라, 선스타인이 설명하듯이, 다른 사람들에게 무엇을 할지를 말해 주거나 일정한 행위의 방향과 작업의 방식을 제시해 주는 힘을 가진 위치에 있는 사람들이다.

공포의 정치

앞서 언급했듯이, 인간은 일정한 유형의 집단이나 공동체에 속할 필요가 있다. 동시에 이런 집단들은 도전자나 위협에 맞서 집단 자체를 결속하고 통일시키기 위해 실재하거나 아니면 상상된 상대자 내지는 적수, 아니면 뭐라고 부르든 간에, 적대자를 필요로 하는 것 같다. 에드워드 사이드(Edward Said)가 설명하듯이, 거의 모든 집단과 문화의 "발전과 유지"는 "다른, 상이한 그리고 경쟁하는 **또 다른 자아**의 현존"을 요구한다. 그가 덧붙이는 바에 따르면, "정체성의 형성은 대립적 존재와 '타자'의 형성을 포함하는데, 이러한 것들의 현실성은 항상 '우리'와의 차이에 대한 지속적인 해석과 재해석에 의존한다. 각각의 시대와 사회는 그것의 '타자'를 재창조한다". 그는 결론적으로 "정체성의 형성은 각 사회에서의 권력과 권력 없음의 배치와 밀접히 관련되어 있으며, 따라서 학구적 공상의 차원과는 거리가 멀다"고 말한다. 이러한 형성과정의 결정적 요소는 "공식적인 적들을 지정하는 일"이다.[3] 이 **그들**은 우리와 다른 존재로서 — 피부색에서부터 옷 그리고 식습관 등등에 이르기까지 대개 육체적으로 또는 문화적으로 또한 정치적으로 그리고 이데올로기적으로 — 쉽게 식별 가능한 그리고 **우리** 집단의 안녕과 행복에 위협이 된다고 말해지는 희생양이다. 예를 들어, 태국에서의 정치지형을 과도하게 단순화하고자 할 것도 없이, 시위를 벌이는 "레드 셔츠"(Red Shirts)는 이에 반대하는 "옐

3 Edward W. Said, "Afterword" in *Orientalism* (New York: Vintage Books, 2003), 331-2; 강조는 원저자.

로우 셔츠"(Yellow Shirts)가 없이는 그들의 **존재 이유**를 결여할 것이다. 이와 유사하게, 로스앤젤레스의 길거리 갱단인 피의 갱단(Bloods street gang)은 — 붉은 색으로 식별되는데 — 이들의 숙적인 흑인 갱단인 — 파란 색으로 식별되는 — 크립스(Crips)가 없었다면 결코 존재하지 않았을 것이다.

데이비드 베레비(David Berreby)는 인간으로서 우리 모두는 우리 자신과 "다른 사람들을 범주들로" 분류한다고 말하면서 사이드와 관련된 논점을 강조한다. 우리는 그다음에 "우리와는 다른 낯선 이들에 관한 다른 사실들을 예측하기 위해" 그리고 이들이 우리에 대해 어떻게 행동할 것이며, 우리는 이들에 대해 어떻게 행동해야 할 것인지를 알아내기 위해 "이 범주들을 활용한다는" 것이다. 꽤 오래 전부터 인간이 "타인의 마음을 지각하는 정신적 능력"을 또는 "심안"을 "가지고 있다"는 주장이 제기되어 왔다. 베레비는 더 나아가 "우리가 또한" 사람들의 특수한 특징들과 습관들에 대한 우리의 지각들에 기초해서 "사람들의 무리들을 지각하고 식별하는 능력을 가지고 있다"는 주장을 펼치며, 이를 "종 식별 감각"이라고 부른다. 그다음 우리는 이런 지각들과 "범주들을" 활용하여 "잔인성과 비참뿐만 아니라 기회와 특권을 배분한다는" 것이다.[4] 베레비가 인정하듯이, 문제는 "종교, 국가 또는 민족적 감정"에 기초한 구분들이 "언제나 폭력에 이르게 된다는 것"이 아니다. 실제로 꼭 그렇지는 않기 때문이다. 문제는 이런 식의 그리고 다른 "구분들이 **가끔** 그런 결과를 낳는다는 것이다.

---

4 David Berreby, *Us & Them: The Science of Identity* (Chicago and London: University of Chicago Press, 2008), xi.

그는 우리가 왜, 어디서 그리고 언제 이런 구분 또는 분열들이 유혈 사태에까지 이르게 될 것인지에 대해 말해 줄 "그 어떤 확실한 수단도" 갖고 있지 못하다고 주장한다.[5]

그렇지만, 사정이 주로 이렇기는 하더라도, 곤란한 문젯거리가 특정한 집단들 간에 생겨나는 것을 상당히 자신 있게 예측할 수 있는 일정한 정황들이 존재한다. 예를 들어, 거의 모든 폭력적 충돌은 — 그것이 학교운동장에서의 주먹다짐이든, 술집 주차장에서의 술에 취한 난동이든, (런던에 연고를 둔 라이벌 축구팀인 밀월과 웨스트햄 사이에 정기적으로 발생하는 충돌에서와 같이) 라이벌 축구 팬들 간의 충돌이건, 아니면 벨기에령 콩고에서의 무력 충돌과 같은 내전이건 간에 — 일종의 말싸움으로 시작된다는 것이다. 이것은 집단적 폭력사태의 경우에 특히 그러하다. 축구팀 간의 경쟁의 경우, 상호간 욕설의 무기는 상대방 팀과 팬들을 비하하는 구호와 노래, 상대방의 응원을 조롱하고 라이벌 팬 집단 간에 있을 폭력 충돌의 시간과 장소를 예정하는 메시지를 담은 텍스트의 사용을 포함한다. 르완다와 이전의 유고슬라비아에서와 같은 폭력 사태의 경우에는, 종종 라디오 방송과 같이 국가 기관들에 의해 이루어진 선전이 증오의 정서를 유발시키고 대중을 "히틀러의 자발적인 사형집행인"에[6] 상응하는 존재로 만드는 데 필수적이다.

이것은 나에게 "곤봉이나 돌은 내 뼈를 부러뜨릴지 모르지만 말

---

5 David Berreby, *Us & Them*, xii; 강조는 원저자.

6 Daniel Jonah Gold, *Hitler's Willing Executioners: Ordinary Germans and Holocaust* (New York: Vintage, 1997) 참조.

은 결코 내게 상처를 줄 수 없다"는 또 하나의 오래된 속담을 떠올리게 한다. 이 속담은 멋진 생각을 담은 것처럼 들리기도 하지만 — 그리고 경기장에서는 어느 정도 적용될 수도 있을지 모르겠지만, 나는 여전히 그것을 확신할 수는 없는데 — 전쟁과 무력 충돌의 격렬함 속에서 그 말은 확실히 사실이 아니다. 테러리즘과의 전쟁의 경우도 예외가 아니다. 켄 부스(Ken Booth)는 "국제 관계론을 공부하는 학생들이 언어에 종래보다 더 많은 주의를 기울이는 것은 필수적이다. 말은 현실을 반영할 뿐만 아니라 형성하기도 하는 것이다."라고 한탄한 바 있다.[7] 이와 관련하여 내가 특별히 관심을 가지는 유형의 말들은 우리가 이전에는 선전으로 서술했을 수도 있지만, 오늘날에는 공포의 정치로 알려진 것과 점점 더 연관되는 그런 말들이다. 내가 여기서 염두에 두고 있는 것은 이른바 끝없는 이민자의 물결이 제기하는 위협에 관한 토론들과 너무도 흔하게 연관된 유언비어의 언어이다. 말을 주고받는 라디오 프로그램에서의 "충격적 발언을 일삼는 디스크자키"와 싸구려 논점들로 점수를 따려는 정치인들의 주된 표적은 공중의 일정한 구성원들이 직면할지도 모르는 — 종교적 분위기로 둘러싸이기도 한 — 히스테리이다. 유감스럽게도, 공포의 정치는 유명세를 타려는 많은 정치인들과 정치 지도자 지망생들의 상투적 수법이다. 이들은 프리모 레비(Primo Levi)가 묘사하는 바에 따르면, "지적인 근거에 의해 뒷받침되지 않은 아름다운 말"을 사용하는 자들이

7 Ken Booth, "Discussion: A Reply to Wallace", *Review of International Studies* 23, no. 3 (1997), 374.

다.[8] 진정으로 중요한 것은 불미스러운 행위들은 너무나 자주 바로 그런 말들에 뒤이어 생겨난다는 사실이다.

겁을 주는 수법은 공공 영역에도 적당한 자리를 차지하고 있다. 한동안 그것은 흡연 반대 운동이 중점적으로 써먹던 방법이기도 했다. 즉, 당신이 지금 담배를 끊지 않으면, 당신은 이러저러한 모습이 되어 버릴 것이라거나, 당신의 아직 태어나지 않은 아기가 이러저러한 문제들에 시달리게 될 것이라거나, 당신은 천천히 고통스럽게 죽게 될 것이라고 하는 식 말이다. 여기서 훨씬 더 중대한 문제는 공포의 정치로서, 이것은 코리 로빈(Corey Robin)이 "사람들이 느끼는, 그들의 집단적 안녕이 피해를 입는다는 불안감 — 테러리즘에 대한 공포, 범죄에 대한 극심한 두려움, 도덕적 타락에 대한 걱정 — 또는 정부나 단체들에 의해 사람들에게 행사되는 위협"이라고 묘사한 것의 의도적 심화와 과도한 활용이다. 그가 설명하고 있듯이, 심각한 위협이나 도전에 직면하게 되면 종종 "우리에겐 우리 자신을 묶어 주는 도덕적 또는 정치적 원칙들이 결여되어 있다"는 느낌이 널리 퍼지게 된다. 그리고 많은 사람들이 9/11 사태 이후에 그랬던 것처럼, "오직 공포만이 [...] 우리를 고립된 남자와 여자들에서 결속된 인간들로 변화시킬 수 있다"는 믿음이 존재하게 된다. 결과적으로, "우리는 공포를 정치적 지배와 진전의 도구로 만드는 현실 세계의 갈등들을 못 보게 되고, 그런 갈등들을 완화시키는 수단들을 거부하게 되며, 궁극적

8 Primo Levi, *The Drowned and Saved*, Raymond Rosenthal (New York: Vintage International, 1989), 200.

으로는 공포에 사로잡힌 상태에 처하게 되고 만다".[9] 대부분의 사회에서 — 합리적이건 비합리적이건 간에 — 그러한 공포를 기회로 삼고 또 운좋게 악용할 수 있는 정치적 기회주의자들은 적지 않다. 특히 결핍과 갈등의 시기에, 공포의 악용은 쉽사리 선전 기법들의 활용에 의해 공포를 증오로 바꿔 놓는다. 자신들을 행동의 지도자로 선언하면서 정치적 지도자의 태도를 취하는 이들 구세주 지망생들은 위협의 대상을 찾아냈으며 이 대상을 어떻게 제거할 수 있을지를 안다고 주장한다. 이들은 우리를 결속시키고 구원하고자 하며, 그것도 **그들**을 박멸함으로써 그렇게 하고자 한다.

예를 들어, 르완다의 종족 학살에 이르는 과정에서 국가 소유의 언론 매체들인 『캉구라』(*Kangura*)와 『라디오 르완다』는 RTLM(Radio Télévision Libre des Mille Collines)과 함께 다수의 후투족(Hutu) 사람들 사이에 반-투치족(anti-Tutsi) 감정을 불러일으키는 데 결정적인 역할을 하였으며, 이는 곧 노골적인 증오로 격화되고 악화되었다. 그들이 **우리**를 처치하기 전에 **그들**을 처치하라고 후투족에게 촉구하는 익숙한 수법을 사용함으로써, 단지 100일이 경과하는 동안에 80만에서 백만 사이의 투치족과 그 절반쯤에 해당하는 후투족이 사망하였으며, 그들 중 다수는 한때 비교적 조화롭게 살았던 이웃에 의해 문자 그대로 난도질당했다.[10] 데이비드 킨(David Keen)이 테러리즘과의 전

---

9 Corey Robin, *Fear: The History of a Political Idea* (New York: Oxford University Press, 2004), 2-3.

10 Linda Melvern, *Conspiracy to Murder: The Rwandan Genocide* (London and New York: Verso, 2006); Philip Gourevitch, *We Wish to Inform you that Tomorrow we will be Killed with our Families: Stories from Rwanda* (New York; Picador, 1998).

쟁에 대한 논의에서 말하고 있듯이, "누군가가 지금 막 벌이려고 하는 것에 의해 폭력이 정당화되면, 극심하게 위험스러운 조치가 취해진다". 예를 들어

> "그들이 우리에게 지금 막 벌이려고 하는 것"에 관한 선전이야말로 대량 학살을 준비하는 정권의 특징이다. 특정 사회 집단의 괴멸(독일과 나치 점령하에서의 유대인, 르완다에서의 투치족)은 오직 다수의 사람들이 이 집단이 자신들을 당장 괴멸시키려 한다는 것을 확신할 수 있을 때에만 달성될 수 있는 것이다.[11]

그저 **그들**이 존재한다는 것만으로도 **우리**의 소중한 삶의 방식에 위협이 된다는 과장된 주장들은 공포의 시기에는 엄청나게 강력한 동기 유발 요인이다.

이를 2001년 9월 20일에 있었던 의회 연설에서 미 대통령 부시가 테러리즘과의 전쟁의 시작을 알리면서 의도적으로 선택한 말들과 비교해 보자. 이 연설에서 부시는 미국과 이 나라의 자유가 공격을 받고 있으며, 이는 기습적이고도 부당한 공격이라고 선언했다. 결국 그는 "악"과 다름없는 야만적 적에 맞선 "문명의 투쟁"이 될 전쟁을 선포했다. 이 두 가지 사태가 갖는 공통점은 무엇인가? 많은 사람들이 결코 아무런 공통점이 없다고 말할 수도 있겠다. 그러나 테러와의 전쟁에 대해 비판적 시각을 가진 이들은 그렇게 생각하지 않을 것이

---

11 David Keen, "War Without End? Magic, Propaganda and the Hidden Functions of Counter-terror", *Journal of International Development* 18, no. 1 (2006), 95.

다. 이와 관련된 논쟁은 여기서의 관심사가 아니다. 내가 주장하고자 하는 바는 이것들이 그 정도에 있어 비교가능하다는 것도 아니다. 오히려 내가 제시하고자 하는 것은 그런 유형들에는 유사점이 존재한다는 사실이다. 다른 전쟁기의 선언들에서처럼 부시의 말은 보다 많은 의미와 내용을 전달했다. 그리고 당시의 관찰자들이 상상했었던 것보다 심각한 영향력을 행사하게 되었을 것이다. 후투족의 정부 관계자들은 증오와 종족 학살로 타락해간 반-투치족 감정을 공공연하게 자극했으며, 그들의 말과 촉구가 정확히 어떤 결과를 빚을지를 알고 있었다. 이와 유사하게, 부시 행정부는 공포와 전쟁의 시기에 그처럼 분열을 초래하고 비인간화하는 언어를 사용하는 것이 거의 불가피하게 그릇된 결과를 초래할 것임을 알았어야만 했다.

전쟁 중인 우리와 그들

앞서 언급했듯이, 이 주제는 이 세계에 수없이 많은 **우리**와 **그들**이라는 구분들과 분열들이 있다는 것이 아니다. 오히려, 그러한 것은 많은 점에서 필수적이라 할 수 있다. 문제는 이러한 구분과 경쟁들이 때때로 너무 극단화되어 전쟁을 포함하는 폭력 충돌에까지 이른다는 점이다. 정치 집단 간에 벌어지는 대규모의 치명적인 무력 충돌 또는 전쟁은 피할 수 없는 삶의 현실이다. 그리고 3장에서 강조되었듯이, 이것은 문명화된 인간 역사의 많은 부분에 해당되는 사태이기도 하다. 우리가 이를 즐기거나 추구하지는 않을지라도, 많은 이들은 전쟁이 발생한다는 사실을 받아들이며, 그것이 대개 정당한 전쟁론의 널리 인정된 원칙들, 특히 전쟁 수행의 수단과 방법에 대한 **전시 국제법** 규제들에 따라 수행된다는 사실에서 어느 정도 위안을 얻는 경향이 있다. 여기에서의 주된 관심사는 그러한 원칙들이 깨지거나 아니면 뻔뻔스럽게 무시되는 사태를 발생시키는 경향이 있는 정황들이다.

교전 중인 적대세력들끼리, 말하자면, 언제나 책대로 싸우지는 않았다는 것은 흔히 있어온 일이었다. 사실상, 오랫동안 (제네바 협약과 같은) 그 어떤 책도 없었다. 예를 들어, 많은 집단들은, 특히 적들과 싸우게 되면, 거의 무슨 짓이라도 해도 된다고 생각되었다. 하워드가 설명하듯이, "17·8세기에 발생했던 전쟁의 인간화(humanization)와 관련하여 엄청나고도 소름끼치는 예외가 존재했다".[12] 전쟁의 인간화를 향한 이러한 경향은 "전쟁의 한가운데서조차도 정의로운 군주는 일정한 권리와 원칙들을 존중한다는 루소의 언명에 잘 포착되어 있다. 더욱이

> 전쟁의 목표가 적대국을 굴복시키는 것이라면, 전투원은 그 국가를 방어하는 자들을 — 이들이 무장하고 있는 동안에 — 죽일 권리를 갖는다. 그러나 이들이 자신들의 무기를 내려놓고 항복한다면, 이들은 적이 되거나 적의 도구가 되기를 그만둔 것이다. 이들은 단지 다시 한 번 그냥 인간이 되며, 이때 그 누구도 더 이상 이들의 목숨을 빼앗을 권리를 갖지 못한다.[13]

---

12 Michael Howard, "Constraints on Warfare", in *The Laws of War: Constraints on Warfare in the Western World*, eds. Michael Howard, George J. Andreopolous and Mark R. Shulman (New Haven, CT: Yale University Press, 1994), 5.

13 Jean-Jacques Rousseau, *The Social Contract*, trans. Maurice Cranston (Harmondsworth:

그러나 하워드가 지적하듯이, "국외자들, 이교도들 또는 야만인들에 맞선 전쟁의 경우에서", 유럽 민족들은 그리고 유럽 출신의 정착민들은 "아무 제약도 없이 적이라고 지정된 자들이라면 누구나 — 무기를 들었건 아니건 간에 — 무차별적으로 살육할 수 있는" 전쟁을 벌였다.[14]

사람들이 자신들의 적을 보는 관점은 전투의 참여자들이 **우리**와 **그들**이라는 성격을 지니는 전쟁의 성격을 규정하는 데 결정적인 역할을 한다. 자신들의 적에게서도 자신들과 유사한 것을 보는 문명화된 적대자들 간의 전쟁에서는, 4장에서 언급되었듯이, "적이라도 일단 무장 해제가 되면, 그는 신의 자손으로서 또는 시민사회의 구성원으로서 자신들에게 주어져 마땅한 모든 권리를 회복할 수 있었다"고 하는 것이 흔한 일이었다. 그러나 적이 인류의 동료 구성원이라는 식으로 간주되지 않으면, "그가 제복을 입고 무장을 했느냐 아니냐는 — 실제로 그가 남자냐, 여자냐 아니면 어린이냐 하는 것도 — 아무런 문제가 되지 않았다. 그는 더 이상 짐승이나 곤충처럼 아무런 권리도 갖지 못했다".[15] 적을 동물이나 곤충 또는 해충에 비유하는 것은 특히 전쟁 시기에 그리고 그보다 좀 앞선 시기에 흔한 일이며, 여기에는 인간은 진화 계보의 맨 꼭대기에 있고 이보다 낮은 것들은 필연적으로 열등하고 저급한 도덕적 가치를 갖는다는 가정이 깔려 있다. 이와 유사한 역학구조는 정복자와 식민지 개척자들이 예속의 대

Penguin, 1968), Book I, Chap. 4, 57.

14 Howard, "Constraints on Warfare", 3, 5.

15 Howard, "Constraints on Warfare", 8.

상으로 삼는 자들을 묘사하는 방식에서도 종종 관찰되어 왔다. 예를 들어, 영국인들은 아일랜드인들을 원숭이와 유사한 특성을 지니고 있다는 식으로 또는 더욱 심하게 서술하고 묘사하는 경향이 있었으며, 실제로도 종종 그런 식으로 대했다. 존 데이비스 경은 17세기 초 제임스 왕의 아일랜드 법무상이 되면서 다음과 같이 썼다.

> 농부는 땅이 좋은 식량을 산출할 수 있도록 만들어지기 위해 그 전에 그 땅을 깨고 부수어야 한다. 그리고 그가 땅을 충분히 부수고 거름도 주고 나서, 곧 좋은 씨를 뿌리지 않으면, 이 땅은 다시 거친 땅으로 변해 버리고 잡초만 무성하게 된다. 이와 마찬가지로 야만적인 나라는 좋은 정부를 가질 수 있는 능력을 갖추기에 앞서 우선 전쟁에 의해 깨지고 부서져야 한다. 그리고 이 나라가 완전히 진압되고 정복되었을 때, 이 정복에 뒤이어 잘 가꾸어지고 통치되지 않으면, 이 나라는 곧 그 이전의 야만상태로 돌아가게 될 것이다.[16]

그래서 아일랜드의 "잡초"들은 뿌리째 뽑히고 제거되거나, 아니면 강제적으로 어린 영국인이 되도록 육성되었다.

이러한 비교적 가까운 곳에서의 앞선 경험을 따라, 유럽의 정복자들은 이와 유사한 생각과 실천을 확장하여 식민지 토양의 부드러움 속에 놓여 있던 아메리카 인디언들과 다른 원주민들을 "깨어 부

16 Sir John Davies, *Historical Relations: or, a Discovery of the True Causes Why Ireland Was Never Entirely Subdued Nor Bought under Obedience of the Crown of England until the Beginning of the Reign of King James of Happy Memory* (Dublin: Samuel Dancer, 1664), 4-5.

수고" 또 "대체해" 버렸다.[17] 예컨대, 칼턴 켐프 앨런(Carleton Kemp Allen)은 이렇게 주장했다. "개미의 자동적 시스템과 호주 원주민의 종족적 습관 사이에는 그다지 커다란 차이가 존재하지 않는다. 실제로, 개미 쪽이 많은 면에서 더 낫다고 하겠다."[18] 이런 비인간화하는 묘사의 결과로, 아일랜드인들처럼, 원주민들은 특히 무법상태인 변경을 따라 이루어진 충돌의 시기에 종종 끊임없이 잔혹하게 처치되었다. 두 가지의 상이한 전쟁 수행방식이라는 점에서 — 그 하나는 기사도적이라고 상정된다면, 다른 하나는 어떤 제약도 없는 것이라 할 텐데 — 비교를 위한 전형적인 경우는 "프랑스 군대와 영국 군대가 — 서로가 적임에도 불구하고 — 서로를 대했던 방식과 그들이 신대륙에서의 국경 전쟁 동안에 인디언들을 대했던 방식의 뚜렷한 대조"이다.[19]

여기서 핵심적 논점은 적을 인간보다 저급한 또는 다른 어떤 것으로 묘사하는 일은 상이한 종족들 또는 민족들이 서로 접촉하게 되었을 때 — 특히 전쟁 시기에 — 서로를 대하는 방식에, 오랫동안 영향을 끼쳐 왔다는 것이다. 4장에서 언급했듯이, 이러한 현실적 상황들로부터 나오는 중요한 문제가 제1차 세계대전이 끝나고 오래지 않아 라이트에 의해 제기되었는데, 그는 이렇게 묻고 있다. "자신의 적에 대해서 생각하는 것이 저러한데도, 확실히 전쟁의 표준적인 규칙

17 James Muldoon, "The Indian as Irishman", *Essex Institute Historical Collections* 111 (1975), 267-89.

18 Carleton Kemp Allen, *Law in the Making*, second edition (Oxford: Clarendon Press, 1930), 26.

19 Howard, "Constraints on Warfare", 5.

이 그런 상황에서 적용되겠는가?"[20] 미군 하사관 출신인 콜비는 라이트에 답하면서 "전쟁에서의 품위에 관한 상이한 원칙들"에 이를 수밖에 없는 실질적인 구분이 존재한다고 주장했다.[21] 자신의 적을 어떻게 바라보느냐에 따라 전쟁에서의 품위에 관한 상이한 원칙들이 존재한다는 제안은 전쟁의 시기에 이루어지는 행동을 제약하는 목적을 지닌 법적이고 윤리적인 지도 원칙들에 대하여 오늘날 널리 합의되고 있는 것을 부정하는 데 기여한다. 그리고 우리가 그런 식의 생각을 "야생의 서부"의 유물이라고 가정하면서, 확실히 인류는 지난 2세기 또는 3세기 동안에 중요한 도덕적 진보를 이룩했고 이제 우리는 우리의 적들조차도 동류의 인간으로서 인정한다고 믿는다 해도, 애석한 일이지만, 실제로 꼭 그렇지는 않다는 것은 르완다와 이전의 유고슬라비아가 최근에 그토록 잔인한 모습으로 입증한 바와 같다.

제2차 세계대전은 적을 악마로 묘사하고 비인간화하는 것으로부터 발생할 수 있는 무자비함과 잔혹행위의 특히 소름끼치는 20세기의 예이다. 유럽 지역이 홀로코스트와 도시에 대한 융단폭격의 현장이었다면, 태평양 지역에서의 전투 또한 "제2차 세계대전의 기준으로 보아도 잔혹한" 것으로 묘사되어 왔다.[22] 찰스 린드버그(Charles Lindbergh)의 일기는 태평양 지역에서 전투 참여자들을 비인간화하고

---

20 Quincy Wright, "The Bombardment of Damascus", *American Journal of International Law* 20, no. 2 (1926), 266.

21 Eldridge Colby, "How to Fight Savage Tribes", *American Journal of International Law* 21, no. 2 (1927), 279.

22 Tarak Barkawi, "Peoples, Homelands, and Wars? Ethnicity, the Military, and Battle among British Imperial Forces in the War against Japan", *Comparative Studies in Society and History* 46, no. 1 (2004), 149-50.

악마화하는 것이 빚어낸 특히 추악한 결과들을 잘 입증하고 있다. 그는 1944년 7월 13일 이렇게 쓰고 있다.

> 우리 병사들 중 일부는 일본인 포로들을 고문했으며 때로는 일본인들만큼이나 잔인하고 야만적이었다. 우리 병사들은 일본인 포로나 투항하려 하는 일본인 병사를 향해 총을 쏘는 것을 아무렇지도 않게 생각한다. 그들은 일본인들을 동물을 대할 때보다도 더 함부로 대하는데, 이런 행동들을 모두가 용납하고 있다.[23]

이와 같은 결과는 1943년 1월 토마스 블레이미(Thomas Blamey) 장군이 파푸아뉴기니에서 일본 군대와 전투를 벌이던 호주 부대에게 행한 것과 같은 연설들이 부대원들에게 전달되었을 때 이미 예견될 수 있었던 것이었다. 그는 이렇게 선언했다. "여러분의 적은 특이한 인종이다. 즉 인간과 원숭이의 잡종이다. 원숭이와 마찬가지로 이들은 궁지에 몰리면 어떻게 죽을지를 안다. 여하튼 그렇지만 이들은 여러분보다 열등하며, 여러분은 그것을 알고 있다. 그리고 이런 앎이 여러분을 승리로 이끄는 데 도움을 줄 것이다." 그렇기에, 일본인들은 종종 "Japes"나 "monkeynips"로 불렸다. 블레이미는 나아가 이렇게까지 주장했다. "우리는 우리와 우리 가족들이 살아가기 위해 이런 해충들을 박멸해야 한다. [...] 우리는 문명이 살아남도록 하기 위해서라면 끝까지 나아가야 한다. 우리는 일본인들을 박멸해야 한다." 그러

23 Charles A. Lindbergh, *The Wartime Journals of Charles A. Lindbergh* (New York: Hacourt Brace Jovanovich, 1970).

나 그는 다음과 같이 경고하기도 했다. "일본인과 싸우는 것은 정상적인 인간과 싸우는 것과는 다르다. [왜냐하면] 일본인은 작은 야만인이며, [그래서] 우리는 우리가 아는 그런 인간을 상대하고 있는 게 아니다. 우리는 원시적인 어떤 것을 상대하고 있다." 그러면서 그는 "우리의 군대는 일본인들을 제대로 보고 있다. 우리의 군대는 이들을 해충으로 여긴다"고 확신을 담아 말했다. 존 다우어(John Dower)가 지적하듯이, 일본의 지도자들도 역시 같은 유형의 언어를 사용했는데, "그들의 '순수한' 자국인들에게 앵글로-아메리칸 악마들을 아시아에서 몰아내도록 촉구했으며, 심지어 이들을 완전히 절멸시키자고 촉구했다".[24] 교전의 쌍방 모두 적을 비인간화하는 일은 사람들이 개인으로서 동류인 인간에게 저지를 수 있다고 정상적으로는 생각하지 않을 그런 잔인성과 잔혹행위에 이르게 되었다. 바로 이런 식의 비인간화가 1944년 미군 화학전 부대의 수장이었던 윌리엄 포터(William Porter)로 하여금 "일본인, 곤충류, 쥐, 세균, 암을 독성 물질로 죽이는 근본적인 생물학적 원칙들은 동일하다"는 주장을 가능하게 했던 것이다.[25] 로버트 맥두걸(Robert MacDougall)이 말하고 있듯이, 태평양 지역에서 "새로운 잔혹행위에 대한 뉴스는 단지 더욱 정도가 심한 적대감을 유발했으며, 전쟁의 흉포함에 크게 기여하는 악순환을 낳았던

---

24 John W. Dower, *War Without Mercy:Race & Power in the Pacific War* (New York: Pantheon, 1986), 69-73 참조.

25 Edmund P. Russell III, "'Speaking of Annihilation': Mobilizing for War against Human and Insect Enemies, 1914-1945", *Journal of American History* 82, no. 4 (1996), 1528에서 재인용.

것이다".[26]

유럽에서도 19세기에 독일 신학자들은 이미 "유대인들을 '해충, 거미, 메뚜기떼, 거머리, 커다란 기생충적 종양, 독충'"으로 묘사하고 있었다. 1930년대에 "나치들은 그런 식의 오래된 은유들을 활용했으며, 히틀러는 유대인들을 '역병', '전형적인 기생충', 그리고 '흑사병보다도 나쁜 결핵균의 운반자'로 불렀다". 히틀러의 선전 장관이었던 요제프 괴벨스(Joseph Goebbels)는 여기서 더 나아가 "벼룩은 기분 좋은 동물이 아니기 때문에, 우리는 이 동물이 계속 우리를 따끔거리게 찌르고 괴롭힐 수 있도록 지켜 주고, 보호하고 번성하게 할 의무가 없다. 우리의 의무는 오히려 이 동물을 박멸하는 것이다. 유대인처럼 말이다."라고 주장했다. 에드먼드 러셀(Edmund Russell)이 지적하듯이, 나치 독일에서는 "은유와 '실재'가 구별되지 않았는데", 이것은 유대인들이 "의도적으로 그리고 문자 그대로 곤충처럼 박멸되는데" 결정적인 역할을 했다.[27] 그 반면에, 독일 병사들은 연합군에 의해 "썩은 나무 그루터기 아래에서 불안하게 움직이는 집게벌레들로" 묘사되곤 했다. 러셀이 강조하듯이, 교전 중인 쌍방 모두에게 "동물의 은유는 적을 비인간화함으로써 전투에서 인간을 죽이는 것에 대한 죄책감을 감소시켰다". 그리고 "동물의 분류계통에서 더 '낮으면'

---

26 Robert MacDougall, "Red, Brown and Yellow Perils: Image of the American Enemy in the 1940s and 1950s", *Journal of Popular Culture* 32, no. 4 (1999), 63.

27 Russell, "Speaking of Annihilation", 1520. 또한 다음을 참조. Caesar C. Aronsfeld, *The Text of the Holocaust: A Study of the Nazis' Extermination Propaganda, 1919-1945* (Marblehead, MA: Micah Publications, 1985); Jeffrey Herf, *The Jewish Enemy: Nazy Propaganda during World War II and the Holocaust* (Cambdge, MA; Belknap Press, 2006).

낮을수록 죄책감 역시 더 감소되었는데, 곤충보다 낮은 등급의 동물은 사실상 별로 없었다".[28] 러셀이 이어 설명하듯이, "도덕은 종종 인간의 전쟁에 관한 논쟁에서는 중요한 역할을 했지만, 곤충을 죽이는 것에 관한 논의에서는 결코 개입되지 않았다". 그의 말에 따르면, "도덕적 관심사는 인간의 적에 대해 곤충의 은유가 통용되어 온 것을 설명하는 데 도움을 주는데", 왜냐하면 오랫동안 "자연의 정복이야말로 도덕적 딜레마가 아니라 도덕적 의무라고 생각되어 왔으며, 곤충을 정복한다는 것은 인간의 전쟁에 대한 특히 유용한 은유를 제공했기 때문이다".[29] 이것은 사람들이 어떻게 그런 상상도 할 수 없을 잔혹행위를 동류인 다른 인간들에게 저지를 수 있는지를 부분적으로 설명해 준다. 즉 그들은 전쟁에서의 적들을 그들과 같은 개인들로 보는 것이 아니라, 이름도 없는 정체불명의 벌레와도 같은 동질적인 무리로 간주하며 그에 걸맞게 대하는 것이다. 자유롭게 생각하고 도덕적 의무를 지니는 개인으로서 대부분의 사람들은 동류 인간들에 대해 그와 같은 잔혹행위를 저지를 것이라고 예상할 수 없을 것이다.

전쟁을 준비하는 우리와 그들

제2차 세계대전 시기에 행해진 잔혹행위의 규모를 고려해 볼 때, 우리는 인류가 그로부터 가치 있는 교훈을 얻었으며, 그래서 그 이후

---

28 Russell, "Speaking of Annihilation", 1512.

29 Russell, "Speaking of Annihilation", 1528.

전쟁이 — 회피될 수 없다면 — 좀 더 문명화된 방식으로 수행되기를 희망하고 기대할 수도 있겠다. 그러나 그것이 실제로 반드시 그렇게 되지는 않는다는 것은, 20세기 후반부에 치러진 많은 내전에서 나타난 흉포성을 볼 때, 그리고 오늘날 우리 주위에서 벌어지는 전쟁들을 생각해 볼 때 엄연한 사실이다. 나는 이제 아프가니스탄과 이라크에서의 전쟁들 그리고 보다 일반적으로 말해서 테러리즘과의 전쟁이라는 주제로 되돌아갈 것이다. 이와 같은 무력 충돌이야말로 현재 많은 사람들이 이런저런 방식으로 관심을 쏟고 있는 문제이다. 어떻게 전문적인, 자발적 참여자들로 이루어진 군대의 남자와 여자들이 광범하게 보도된 바와 같은 폭력적 학대행위와 같은 것들을 저지르고 또 저지르도록 허용될 수 있었는가? 여기서, 극단으로 치닫게 되는 집단들의 경향, 특히 이들이 합당한 권위에 의해 인도되고 있다고 믿는 경우에 나타나는 그런 경향에 대한 선스타인의 경고를 상기해 보고, 다른 집단 공동체의 사고와 행동에 대해 예단하는 우리의 경향에 대한 베레비의 주의를 유념해 보면, 어떻게 그런 유감스러운 정황들이 생겨나게 되는지를 발견하는 일이 가능하다. 그러나 이것이 그런 사태에 대한 변명이 될 수는 없다.

미국 해병대의 퇴역 상사인 마틴 스미스(Martin Smith)는 어떻게 신병 훈련기간에 "신병들인 우리가 오직 3인칭으로만 말할 수 있었으며, 그리하여 우리의 어휘목록에서 '나'라는 용어를 제거하고 우리 자신을 그 이전의 민간인적인 정체성으로부터 분리시켰는지"를 회상한다. 그는 계속해서 어떻게 "새로이 생겨나는 집단 심리 상태가 일련의 엄격하고도 의식 절차에 따른 훈련을 통해 우리를 해체시키고 비하함으로써 형성되고 또 강화되었는지"를 묘사한다. 스미스 상사는 더 나아가 다음의 과정에 대해 소개한다.

> 신병들을 개조하고 미래의 부대로 형성해내는 과정은 바깥에 있는 자들과 대립하여 있는 것으로 자신을 보는 하나의 팀을 만드는 작업에 토대를 둔다. 훈련 첫 단계에서의 최초의 충격이 지난 후에, 훈련 교관들은 신병들이 적을 비인간화하도록 세뇌함으로써 그들이 살인에 대한 여하한 공포나 선입견을 극복할 수 있는 방법을 훈련시킨다.

그에 따르면 "비인간화의 과정은 군사 훈련에 핵심적이다. 베트남 전쟁 동안에 베트남에 있는 적들은 그저 '끈적거리는 것'(gook), '베트공'(dink), '눈이 삐뚤어진 것'(slope)일 뿐이었다. 오늘날 '넝마를 쓴 머리'나 '모래의 니그로'라는 이름들은 아랍인과 이슬람교도들을 향해 만들어지고 통용되는 인종주의적 별칭들이다". 스미드가 주목하고 있듯이, 결과적으로 보면 해병대가 갖는 "아랍인들이라는 '타자'에 대한 증오는 바로 우리의 훈련 초기부터 공포와 혐오를 통해 공들여 만들어졌던 것이다".[30]

익명의 해병대 신병은 신병훈련소에서 있었던 또 하나의 충격적인 이야기를 다음과 같이 전해준다. "제네바협약에 대해 토론했었는데, 그렇지만 전반적인 메시지는 그 규칙들은 잡히지만 않는다면 어길 수도 있다는 것이었다." 그는 교관이 실제로 어떻게 말했는지를

30 Sgt. Martin Smith USMC, Ret., "Learning to be a Lean, Mean Killing Machine", *Counterpunch*, February 20, 2007 ⟨www.counterpunch.org/smith02202007.html⟩.

회상한다. "자, 여러분은 쓰러진 적들에게 의학적 처치를 해주어야 한다. 그러나 그들이 피를 흘린다면, 그들의 출혈을 멈추기 위해 여러분이 필요로 하는 것 이상의 힘을 가한다고 해서 뭐 잘못될 것은 없다."[31] 이런 식의 관점과 아주 대조적으로, 미국 육군사관학교의 앤서니 하틀(Anthony E. Hartle) 대령은 특히 민주주의가 전쟁에 도입된다면, "자유와 개인주의의 개념들에 의해 형성되는 독특한 도덕적 기초가 있을 수 있고 또 있어야 한다"고 제안한다. 그리고 그렇게 된다면, "그들이 전쟁을 수행하는 방식을 규제하는 실질적인 도덕적 차이가 존재하게 된다".[32] 내가 여기서 미국 군대를 지목할 의도가 있는 것은 아니다. 왜냐하면 그들만이 학대행위를 저지르는 것은 아니기 때문이다. 그리고 직업적으로 자신들의 작업을 수행하는 대부분의 부대가 그렇지 않은 소수에 의해 부당하게 그 평판에 손상을 입기도 한다. 그렇지만 많은 군부대들에서의 학대행위와 잔혹행위를 입증하는 충분한 기록들이 존재하며, 이것은 유엔 평화유지군의 경우에도 예외가 아니다.

이런 기록들은 위에서 언급한 일화들일 수도 있고, 테러와의 전쟁의 다양한 전선에 참여하는 많은 부대들에 존재하는 군사 훈련 선반에 대해 풍부하고도 정확한 모습을 전달하는 것은 아니다. 그렇지만 그럼에도 불구하고 이런 기록들은 그런 학대행위의 씨앗이 어떻

---

31 Anonymous, "Enlightenment at Boot Camp Leads to Discharge", Committee Opposed to Militarism and Draft. 〈www.comdsd.org/article_archive/EnlightenmentBootCamp1-07.htm〉.

32 Anthony E. Hartle, "Atrocities in War: Dirty Hands and Noncombatants", *Social Research* 69, no. 4 (2002), 978.

게 뿌려질 수 있는지에 대한 통찰을 제공한다. 특히, 아부 그라이브(Abu Ghraib) 교도소에서의 학대행위와 관련하여, 사회심리학자들은 "공격성으로 유도되는 환경에서 포로들이 혐오스럽고 인간이하로 여겨질 때, 동료들에 순응하고 권위에 복종하는 확고한 원칙들은 학대행위의 광범한 성격을 설명해줄 수 있을 것"이라는 의견을 내놓았다. 이와 마찬가지로 중요한 것을 언급하자면, "사회심리학" 연구는 잔혹행위와 학대행위가 발생하고, 어떤 경우에는 권장되며, 또는 적어도 금지되지는 않는 "사회적 맥락을 통제하는 책임감 있는 동료와 상급자들을 가져야만 한다고 제안한다". 사회적 순응과 복종이 반드시 나쁜 결과에 이르는 것은 아니다. 왜냐하면 그런 것들은 "중립적이기 때문이며, 그 결과는 영웅적일 수도 악할 수도 있다". 상당한 정도로 그것은 책임자들로부터 나오는 명령이나 메시지의 본성에 의존한다. 본질적으로, "복합적인 사회적 힘들의 영향 아래 있는 평범한 사람들은 악한 행위를 저지르게 될 수 있다". 정치적·군사적 지도자들은 이것을 알고 있으며 또는 그들은 이것을 알아야 하고, 따라서 동기를 유발하는 자신들의 말을 조심스럽게 선택해야 한다. "학대행위로 이르는 위험한 경향은 회피될 수 있으며", 그런 "학대행위와 힘의 오용을 유발하고 허용하는 동일한 사회적 맥락이 [이와 마찬가지로 쉽사리] 이를 방지하는 데에 활용될 수도 있는 것이다".[33]

이것은 뭐랄까 맹목적인 명령 준수라는 개념과는 잘 어울리지 않는 것처럼 들린다. 즉 이것은 군대에 근무하는 사람들에게는 전적으

33 Susan T. Fiske, Lasana T. Harris, and Amy J. C. Cuddy, "Why Ordinary People Torture Enemy Prisoners", *Science* 306 (November 2004), 1482-3.

로 맞는 경우라고 할 수는 없다는 것이다. 그러나 이와 반대로, 거의 매일, 군대 근무자들을 포함하여, 우리 모두는 각자 판단을 내리고, 건전한 도덕적 추론을 행하며, 옳은 것과 그른 것을 결정하도록 요구받는 상황 속에 있다. 대부분의 경우 우리는 제대로 행하고, 어떤 경우에는 과오를 범하는데, 이는 종종 우리가 우리 자신의 행동에 책임을 지는 개인으로서 생각하기를 멈추고, 집단의 의지에 순응하면서 우리의 좀 더 나은 판단을 무시하기 때문이다. 특히 민주주의에서는, 우리가 뭔가 잘못되고 있다거나 부당하다는 것을 알게 되는 경우, 문제를 제기하거나, 전제들에 도전하거나, 경고를 발하는 것이 기대되고 심지어 의무처럼 여겨지기도 한다. 그런 상황에 준비하게 하고 비판적 사고와 의사 결정의 기술을 향상시키게 하는 군부대의 훈련은 사실상 어떤 집단이라도 갖추어야 할 자산인 것이며, 이것은 어떤 이들이 말하듯이 집단의 결속을 약화시키지 않는다. 오히려 이와 반대로, 이것은 집단을 강화하고 더욱 나은 집단적 의사 결정자가 되도록 한다.

결론

여러 다른 집단들이 존재한다는 것은 불가피한 우리의 현실이다. 세상에는 수많은 **우리**와 **그들**의 조합들이 있다. 이것이 꼭 나쁜 일일 필요는 없으며, 차이와 다원주의는 일반적으로는 좋은 것이다. 때때로 이런 집단들은 서로 협력하며, 또 어떤 때는 서로 경쟁한다는 것도 역시 분명한 사실이다. 이렇듯 경쟁하는 일 또한 나쁜 것은 아니며,

협력과 건전한 경쟁 모두가 관련자 전체에게 좋은 일일 수 있다. 그러나 **우리**와 **그들**이라는 집단들 사이의 경쟁적인 강한 충동들은 때때로 전쟁 상황으로 격화되거나 악화된다는 것 — 특히 궁핍한 시기에 — 또한 엄연한 현실인 것 같다. 이것은 나쁜 일에 해당하지만 더 나빠질 수도 있다. 너무도 자주 그런 충돌들은 적인 타자들을 악마화하고 비인간화함으로써 더욱 악화되며, 이것은 학대와 잔혹행위를 저지르는 데까지 이르는 경향이 있다. 이것은 매우 나쁜 일인데, 반드시 그래야만 하는 것은 아니다.

전쟁 시기는 일반적으로 불확실성의 시기가 되는 경향이 짙다. 이 시기에 사람들은 해답과 위안을 찾는다. 이것은 아마도 심각한 테러리즘의 위협이 상존하는 시기에는 더욱 그럴 것이다. 테러리즘 앞에서의 불확실성은 종종 테러리즘을 누가, 어디에서 그리고 왜 일으키는가에 대해 잘 알지 못하는 상황으로 인해 더욱 심화된다. 이는 이해할 만한 일이다. 어떤 개인이나 정부도 테러리즘의 위협 그리고 보다 일반적으로는 전쟁의 위협과 더불어 발생하는 모든 문제들에 대해 답하는 것은 불가능하다. 그러나 정부는 불안해하는 대중에게 답변할 능력을 지닐 필요가 있다. 정부 역시 쉽사리 식별 가능한 적에 대해, 공포와 불확실성의 원인에 대해 알려줄 수 있을 그리고 상황을 통제하고 있다고 대중을 안심시킬 수 있을 필요를 느낀다. 킨이 지적하듯이, 특히 테러의 시기에, 정부가 권력을 지켜낼 수 있다면, "적은 반드시 계속해서 발견되고, 꼬리표가 달리고, 고립되고 제거된다". 상황을 통제하고 있다는 인상을 제공하기 위해 애쓰는 정부와 군대에게 있어 특히 중요한 것으로서 "적을 식별해 명시하는 일은 불확실한 시기에 확실성이라는 인식적 만족감을 제공한다". 그러나 그런 환경에서는 "적에 대한 정의를 확대하고 이 적들에게" 너무도 "쉽게 악이라는 꼬리표를 붙이는" 경향도 존재한다. 그런데 이 모든 것은 "테러와의 싸움에서 역효과를 낳는 작전들과 잔혹행위들을 발생시키는 데 기여한다". 모든 전쟁에서처럼, "특정한 적을 악마로 묘사하는 것은 이 악마에 맞서 싸운다고 주장하는 사람들의 잔혹행위를 허용할 여지를 만들어 낸다".[34] 예컨대, 킨은 테러리즘과의 전쟁에 대해 언급하면서 다음과 같이 말하고 있다.

> 워싱턴과 런던의 정책입안자들이 이라크에서의 전쟁을 계획하고 있을 때, 공격 목표가 된 이 나라는 테러리스트와는 보기 좋은 대조를 이루고 있었다. 테러리스트가 보이지 않고 찾아내기 힘든 반면, 이라크라는 나라는 지도 위에 뚜렷이 "이라크"라는 이름으로 새겨져 있었다. 그러니까, 명시할 수 있고 고정된 적으로 말이다. 그러나 이라크로 보내진 연합군 병사들에게는, 상황이 다시 한 번 역전되었다. 다시금 적은 찾기 힘들고 감지되지 않는 존재가 되었던 것이다. 이것은 단지 포착하여 접근할 수 있다는 이유로 표적을 선택하는 또 다시 새로운 위험을 낳았다. 그리고 포로만큼 접근하기 쉬운 존재는 없는 법이다.[35]

전쟁에서의 잔혹행위가 반드시 그렇게 널리 성행해야 할 일은 아니다. 그러나 하틀 대령이 말하듯이, "전쟁의 공포와 폭력성은 잔인

---

34 Keen, "War Without End?", 97, 95, 98, 103, 89.

35 Keen, "War Without End?", 101.

하고도 비인간적인 행동을 유발한다. 잔혹행위들은 강한 지도력과 집중된 훈련이 결여되었을 때 **흔히** 일어나는 **경향이 있다**". 또한 분명한 것은 "대규모의 잔혹행위는 대개 어떤 조직이나 정부에 의해 — 암묵적이든 공식적이든 — 지원을 받는다는 점이다". 하틀은 계속해서 다음과 같이 설명한다. "대규모의 잔혹행위는 정부나 군 기관들이 공포를 조장하고 잔인성을 허용해 줄 때 [더욱 쉽게] 발생한다." 다른 한편, "공식적인 원칙"과 정치·군사적 지도력이 "포로와 민간인에 대한 학대행위를 강하게 금지할" 때, 대규모의 잔혹행위가 발생할 가능성은 훨씬 적다. 그러나 아예 공식적 원칙과 지도적 인물들이 "적을 악마화하면서 병사들의 공포심을 이용하게 되면 잔혹행위는 불가피하게 된다. 명령 계통이 과도한 잔인성을 용인하고 포로 또는 비전투원을 표적으로 하는 폭력까지 조장하게 되면, 남아 있는 유일한 문제는 앞으로 일어날 잔혹행위의 규모이다".[36]

전쟁 시기 학대와 잔혹행위의 씨앗은 종종 실제로 전투가 시작되기 전에 뿌려지곤 한다. 샘 킨(Sam Keen)이 『적의 얼굴들』(*Faces of the Enemy*)에서 쓰고 있듯이, 우선 "우리는 적을 만들어 내야 한다. 무기에 앞서 이미지가 먼저 온다. 우리는 타자에 대해 죽도록 생각하고 그다음엔 타자를 실제로 죽일 전투용 도끼나 탄도 미사일을 생각해 낸다. 선전이 테크놀로지에 선행한다".[37] 정치·군사적 지도자들이 (그리고 매체가) 그들의 공적이고 사적인 언명들에서 적을 악마화하고 비

36 Hartle, "Atrocities in War", 965-6; 강조는 원저자.

37 Sam Keen, *Faces of the Enemy: Reflections of the Hostile Imagination* (New York: Harper & Row, 1988), 10.

인간화하는 것에 기대지 않는다면, 적군과 민간인에 대한 학대와 잔혹행위는 발생할 가능성이 훨씬 줄어든다. 그런 선전선동을 행하고 공포의 정치에 종사하는 자들은 — 군부대가 자신의 행동에 책임을 지는 것처럼 — 그들의 말에 책임을 져야 할 필요가 있다. 러디어드 키플링(Rudyard Kipling)이 말했던 것처럼, "말은 인류가 사용하는 가장 강력한 마약이다. 말은 감염시키고, 자기에게 빠지게 하고, 마취시키고 마비시킬 뿐만 아니라, 뇌의 가장 미세한 세포에까지 침투하여 영향을 끼친다".[38] 속담에서도 말하듯이, 펜이나 말은 칼보다 강할 수도 있다. 그렇지만 그 많은 권력들처럼, 그것도 상당한 정도로 — 이 권력이 긍정적인 또는 부정적인 결과를 낳는 쪽으로 사용될 것인가와 관련하여 — 누구의 손과 입이 이 권력을 휘두르는가에 달려 있다. 말을 구사하는 자들은 칼을 휘두르는 자들보다 많은 권력을 소유할 수도 있다. 그들은 이 사실을 명심하고 그들의 말을 주의를 기울여 선택할 필요가 있다. 그리고 이들은 타자로서의 적을 악마화하고 비인간화하는 것이 전쟁의 비인간화에 이르는 첩경이 될 수 있고 학대와 잔혹행위의 가능성을 급격히 증가시킬 수 있다는 것을 숙지할 필요가 있다.

---

38 Rudyard Kipling, Address to the Annual Dinner of the Royal College of Surgeons at Lincoln's Inn, London on February 1923; 이 연설은 다음날 *The Times*에 실렸고 "Surgeons and the Soul"이라는 제목으로 다음의 모음집에 포함되었다. *A Book of Words* (London: macmillan, 1928). 또한 이 책은 다음과 같이 다시 발간되었다. *A Book of Words: For My Friends Known and Unknown: Selections from Speeches and Addresses Delivered Between 1906 and 1927* (Rockville, MD: Wildside Press, 2007).

7. 전쟁하는 문명들?

문명과 전쟁에 관한 책이라면 문명들 간의 전쟁이라는 주제를 다루는 것이 적절해 보인다. 냉전의 종식과 더불어, 그리고 특히 2001년 9월 11일의 테러리스트 공격 이래로 우리가 속해 있는 다양한 문명들이 어쩐지 근본적으로 서로 조화되지 않으며, 서로 충돌하는 경향이 있다는 인상이 점증하고 있다. 이것은 특히 서양 세계와 이슬람 세계의 관계라는 점에서 보면 실제로 그러한데, 어떤 사람들은 이 두 세계의 상호작용의 역사를 일련의 반복적이고 계속적으로 발생하는 대결과 충돌로 — 11세기의 십자군 전쟁(1095-1291)으로부터 9/11 사태 이후에 중동과 아프가니스탄에서 벌어진 사건들에까지 이어지는 것으로서 — 정의할 수 있다고 본다.[1] 이것은 결과적으로 어떻게 또는 왜 한쪽 또는 다른 쪽이 문명의 충돌에서 궁극적으로 승리할 것인가에 관한 주장과 논변들을 발생시켰다.[2] 불행하게도, 충돌과 대결에 집착하는 것은 많은 문명들이 공유하고 있는 것을 보이지 않게 만들며, 수세기에 걸친 이주와 뒤섞임 그리고 평화로운 협력을 간과한다.

우리가 문명들이 충돌하게 마련이라고 생각하는 경향을 갖게 된 이유들 중 하나는 — 헌팅턴에 의해 유명해진 — 영향력 있는 테제인

---

1 Bernard Lewis, *Islam and the West* (New York: Oxford University Press, 1993); Bernard Lewis, *What Went Wrong?: The Clash Between Islam and Modernity in the Middle East* (New York: Harper Perennial, 2003); Amin Saikai, *Islam and the West: Conflict or Cooperation?* (Basingstocke: Palgrave Macmillan, 2003) 참조.

2 J. M. Roberts, *Triumph of the West* (London: British Broadcasting Corporation, 1985); Sir John Keegan, "Why the West will Win", *The Age*, October 9, 2001, 19; Victor Davis Hanson, *Why the West has Won; Carnage and Culture from Salamis to Vietnam* (London: Faber and Faber, 2002).

"문명의 충돌"이 될 것이다. 헌팅턴은 이 테제를 간략히 서술하면서, 탈냉전기의 세계에서 충돌의 근본적인 원천은 문화가 될 것이라고 주장한다. 즉 그는 "문명들 간의 단층선이 미래의 전선이 될 것"이라고 말한다. 더욱이 그는 "문명의 충돌이 세계 정치를 지배할 것"이라고 예측한다.[3] 1991년과 2001년 사이에 이전의 유고슬라비아에서 일어났던 폭력적 갈등이 이 충돌 테제를 뒷받침하는 증거로 제시되었으며, 이와 마찬가지로 이전의 소련에서의 갈등, 러시아 내에서의 그리고 러시아와 이전의 위성국가들 간의 갈등과 분쟁들 역시 그 증거로 예시되었다. 심지어 시드니가 베이징을 누르고 2000년 올림픽 게임 개최지로 결정되게 한 투표조차 문명적 경계에 따른 투표의 결과로 묘사되었다.[4] 2001년 9월 11일의 테러리스트 공격과 그 후에 벌어진 테러리즘과의 전 세계적 전쟁은 이라크와 아프가니스탄에서의 반란들에 대한 미국 주도의 전쟁을 포함하여 헌팅턴의 충돌 테제를 더욱 정당화하는 것으로 언급되었다.[5]

그러나 문명에 대한 연구가 도대체 우리에게 국제 관계와 전쟁의 수행에 대해 무엇을 말해 줄 수 있겠는가? 이런 일들은 대체로 국

---

3 Samuel P. Huntington, "The Clash of Civilisations?", *Foreign Affairs* 72, no, 3 (1993), 22; *The Clash of Civilisations and the Remaking of World Order* (London: Touchstone Books, 1998).

4 Samuel P. Huntington, "If Not Civilisations, What? Samuel Huntington Responds to His Critics", *Foreign Affairs* 72, no, 5 (1993), 186-94.

5 Jack Goldstone, "States, Terrorists, and the Clash of Civilizations" in *Understanding September* 11, eds. Craig J. Calhoun, Paul Price and Ashley Timmer (New York: The New Press, 2002), 139-58; Roger Scruton, *The West and the Rest: Globalization and the Terrorist Threat* (London and New York: Continuum, 2002).

가들의 문제인데 말이다. 토인비에 따르면, 많은 것을 말해 준다. 즉 그는 세계사와 세계 정치의 연구에 관한 한, 연구의 가장 적절하고도 합리적인 단위는 문명이지, 민족이나 국가가 아니며, 심지어 어떤 시대나 기간도 아니라고 제안한다. 이런 모든 것들은 — 그의 주장에 따르면 — 무분별하고 불완전한 결론에 도달하게 하는 경향이 있다는 것이다.[6] 도널드 푸찰라(Donald Puchala)는 아다 보즈먼(Adda Bozeman)의 『세계사에서의 정치와 문화』(*Politics & Culture in International History*)에 대해 고찰하면서 이와 유사한 언급을 하고 있다. "국가들의 뽐내며 법석거림, 그들의 영웅들은 수백만 년에 걸친 수많은 갈등과 충돌을 겪으며 결국 간헐적으로 정치적 지형을 재구축하고, 인류가 이룩한 예술적 건축적 유산을 상당한 규모로 훼손하고, 부를 낭비하고, 수억에 달하는 생명을 절멸시키는 것 외에 거의 이룩한 것이 없었다." 이어서 푸찰라는 "국가들 — 그것들이 도시 국가든, 제국이든, 중세 국가든, 베스트팔렌 국가든, 근대 국가든, 초강력 국가든 아니면 민족 국가든 간에 — 사이의 관계의 역사는 다소 반복적이고, 일반적으로 유쾌하지 않으며, 대개는 인간의 문화적 진화에 있어 그다지 큰 의미를 지니지 못해 왔다"고 덧붙인다. 그리고 그는 국가들 사이의 관계와는 대조적으로, "**종족들** 간의 관계의 역사는 훨씬 광범한 중요성을 지녀 왔다"고 주장한다.[7]

보즈먼이 앞서 설명하고자 시도했듯이, "정치와 문화의 [...] 상호

---

6 Arnold J. Toynbee, *A Study of History*, twelve volumes (London: Oxford University Press, 1934-1961).

7 Donald Puchala, "International Encounters of Another Kind", *Global Society* 11, no. 1 (1997), 5; 강조는 원저자.

작용은 전 세계에 걸쳐 강화되었으며", 이런 일은 "국내의 사회적 현존과 통치라는 차원에서뿐만 아니라 국제 관계의 차원에서도 발생해오고 있다". 그녀가 "내린 결론에 따르면 영토적으로 경계를 지니고, 법에 기초한 서구적 유형의 국가란 [이러한 독법에 의하면 과거에는 있었다 해도] 더 이상 국제 관계의 실제적 행위에서 중심적인 원리가 아니다. 그렇기 때문에 그런 국가는 학계에서 우선적 기준인 것으로 취급되어서는 안 된다".[8] 보즈먼과 푸찰라 모두가 언급하고 있는 그런 유형의 관계들이란 흔히 문명들로 알려진 것들 사이에 존재하는 것이다. 보즈먼은 일찍이 "정치 체제는 문화에 근거를 두고 있으며, 따라서 오늘날의 **국가들** 간의 관계란 그 정의상 **문화들** 간의 관계라는 결론을 내렸다". 이것은 결과적으로 그녀를 다음과 같은 결론으로 이끌었다. "학문적 분석가들과 정책입안자들은 [...] 그들이 다루고 있는 국가와 정치 체제들의 문화적 하부구조를 조사하게 될 때, 그들 각자의 소임에서 더욱 성공적이게 될 것이다."[9]

문명이란 무엇인가?

우리 대부분은 국가의 시민인 것 외에도 우리의 정체성의 중요한 요소를 이루는 다양한 종류의 집단들에 속하고 있다. 이것들은 가족, 클

---

8 Adda Bozeman, *Politics & Culture in International History: From the Ancient Near East to the Opening of the Modern Age*, second edition (New Brunswick, NJ: Transaction Publishers, 2010), xv, xl.

9 Bozeman, *Politics & Culture in International History*, 5-6; 강조는 원저자.

럽, 커뮤니티, 민족 등등 여러 가지이다. 이런 집단들의 다수는 상대적으로 소규모이고 사적인 것이기도 하지만, 우리 대부분은 또한 흔히 문명 또는 문명권으로 불리는 훨씬 커다란 집합적 공동체에 속하는 것으로 생각된다.[10] 그렇긴 하지만 문명화된 인간 역사의 대부분 동안에, 많은 사람들이 실제로 문명적 정체성이나 문명적 충실성 또는 문명적 귀속성이라는 관점에서 생각하며 살았을 것 같지는 않다. 우리의 일상적 환경은 간단히 말해 그런 생각을 장려하지 않는다. 우리는 대개는 훨씬 더 작은 사회에서 활동하고, 훨씬 낮은 수준의 소속 단체에서 일하며 살아간다. 더욱이, 사람들이 자신들의 개인적 안전과 안녕을 그들이 속한다고 여겨지는 문명(또는 문명들)의 안전 및 안녕과의 관계 속에서 생각하는 일은 그리고 후자에 직접적으로 의존하고 있다고 생각하는 일은 상대적으로 드문 상황 속에서 일어날 것이다. 그러나 이런 사실은 그런 상황들이 가끔이라도 일어나지 않음을 뜻하지는 않는다.[11]

그런 상황들이 쉽사리 구분되거나 구별되지는 않는 반면, 문명의 규범적 이상은 — 때때로 문명이 "사실"로 일컬어지는 — 문명에 대한 민족지학적(anthropological)이고 인류학적인 설명이라고 말해지는 것을 동반한다. 좀 더 일반적으로 말해, 문명이란 문명화하는 과정과

10 Herbert Arlt and Donald G. Daviau (eds.), *Culture, Civilization and Human Society*, two volumes (Paris: UNESCO, 2009); Robert Holton and William R. Nasson (eds.), *World Civilization and the History of Human Development* (Paris: UNESCO, 2009).

11 Brian Fagen, *The Long Summer: How Climate Changed Civilization* (London: Granta, 2004); Brian Fagen, *The Great Warning: Climate change and the Rise Fall of Civilizations* (New York: Bloomsbury, 2008); Nafeeze Mosaddeq Ahmed, *A User's Guide to the Crisis of Civilization: And How to Save It* (London: Pluto Press, 2010).

그 종착점 모두를 나타낸다. 문명은 사회가 집합적으로 문명화되는 과정을, 또는 자연 상태, 미개 또는 야만으로부터 문명 상태로 진보하는 과정을 말한다. 또 문명은 흔히 상당한 수준의 도시화, 사회적이고 직업적인 계층화, 여가 시간의 호화로움, 그리고 이에 상응하는 예술과 학문에서의 발전이라는 특징을 드러내는 인간 사회의 상태를 지칭한다. 상당히 복합적인 사회·정치적 조직화와 지배적인 기준들에 따라 자치를 행할 수 있는 능력은 오랫동안 문명의 핵심 요건으로 여겨져 왔다.[12] 즉, 이러한 것이 문명의 표준인 것이다.

레이먼드 윌리엄스(Raymond Williams)가 지적하듯이, "문명이 복수로 사용되게 된 결정적인 시점이 있었다. 문명이라는 용어와 관련된 이 사건은 **문화들**이라는 용어의 사용보다 늦게 일어났다. 문명이란 용어가 확실히 사용된 것은 1819년 프랑스어에서였다[(Pierre-Simon) Ballanche(1776-1847)]. 영어로는 이보다 앞서 초기 문명을 지칭하는 말로 암시적으로 사용되긴 했지만, 1860년대까지 이 용어는 전혀 일반화되지 않았다".[13] 이와 유사하게 페르낭 브로델(Fernand Braudel)은 "대략 1819년에 '문명'이라는 단어는 그때까지는 단수로 쓰였지만, 복수로 쓰이기 시작했다"고 말한다. 이 시점 이후로 "이 용어는 '새로우면서 **상당히 다른** 의미를 취하는 경향을 띠게 되었다. 즉 어떤 시기의 공동체적 삶 또는 집단에 공통되는 특징들이라는 의미를 갖게 된 것이다.' 그리하여 사람들은 [기원전] 5세기 아테네 문명이

12 Gerrit Gong, *The Standard of "Civilization" in International Society* (Oxford: Clarendon, 1984).

13 Raymond Williams, *Keywords* (New York: Oxford University Press, 1983), 59; 강조는 원저자.

라거나 루이 14세의 세기에 존재한 프랑스 문명이라는 말을 할 수 있게 된 것이다".[14]

또 한 명의 프랑스 역사가인 뤼시앵 페브르(Lucien Febvre)는 이 용어가 복수로 쓰이게 된 것을 언급하면서 이렇게 말한다. "문명은 그저 어떤 인간 집단의 공동체적 삶에서 — 이들의 물질적, 지적, 도덕적 그리고 정치적 삶을 포함하여 — 관찰될 수 있는 모든 특징들을 나타낸다. 그리고 불행하게도 그들의 이런 사회적 삶을 표현하는 다른 단어는 없다." 또 그는 "이것은 문명의 '민족지학적인' 개념으로 불려야 할 것이라고 제안되어 왔다. 이 용어는 무엇보다도 집단에 관련된 개념이다."라고 덧붙인다.[15] 프랑스 사회학자들인 에밀 뒤르켐(Emile Durkheim)과 마르셀 모스(Marcel Mauss) 역시 이와 유사하게 "문명은 일정한 수의 민족들을 포괄하는 일종의 도덕적 환경을 이루며, 개개 민족의 문화는 단지 전체의 특수한 형식이 될 뿐"이라고 말한다.[16] 브로델에게 있어 "문명은 (또는 문화는) 그것의 문화적 총합이며, 그것의 지리적 영역은 그것의 문화적 지배영역이고, 그것의 역사는 문화사이며, 한 문명이 다른 문명에 전해 주는 것은 — 물질적이든 지적이든 간에 — 문화적 유산 또는 문화적 차용에 해당한다"고

14 Fernand Braudel, *A History of Civilizations*, trans. R. Mayne (New York: Allen Lane/Penguin, 1993), 6-7; 강조는 원저자.

15 Lucien Febvre, "Civilization: Evolution of a Word and a Group of Ideas", in *A New Kind of History: From the Writings of Febvre*, ed. P. Burke, trans. K. Folca (London: Routledge & Kegan Paul, 1973), 220.

16 Emile Durkheim and Marcel Mauss, "Note on the Notion of Civilization", *Social Research* 38, no. 4 (1971), 811.

말할 수 있을 것이다.[17]

브로델은 나아가 문명 연구가 사회과학의 전 범위에 관련된 것이며, 이것은 그가 보기에 역사학, 지리학, 사회학, 경제학 그리고 집단심리학을 포함한다고 주장한다. 그는 "문명들은 크든 그렇지 않든 간에 항상 지도 위에서 그 위치를 식별할 수 있다"고 지적하면서, 지리적 영역으로서의 문명들에 대해 쓴다. 또 그는 "문명들의 성격의 한 본질적 부분은 그것들의 지리적 위치가 갖는 제약이나 이점들"이라고 덧붙인다.[18] 브로델은 문명들을 사회들로 지칭하면서, "문명을 지탱해 주며 문명의 긴장 상태와 진보를 고취하는 사회라는 것이 없이는 문명이란 있을 수 없다"는 견해를 표명한다.[19] 그러나 그는 또 "우리는 그저 사회와 문명을 혼동해서는 안 되며 [...] 시간적 척도라는 점에서 보아 문명은 그 어떤 주어진 사회적 현상보다도 오랜 기간을 함축하고 포괄한다"고 말한다. 경제적 측면에서 문명을 바라보면서, 브로델은 "모든 사회, 모든 문명은 경제적, 기술적, 생물학적 그리고 인구학적 상황들에 의존한다"고 지적하기도 한다. 다양한 집단들과 관련하여 다른 사람들이 이미 언급했듯이, "물질적이고 생물학적인 조건들이 항상 문명의 운명을 결정하는 데 기여한다".[20]

끝으로, 브로델은 문명을 사유방식으로 지칭하면서 다음과 같이 말한다. "모든 시대에, 특정한 세계관, 집단적 심리상태가 사회 전체를 지배한다. 사회의 전반적인 태도를 좌우하고, 그것의 선택을 인도

---

17 Braudel, *A History of Civilizations*, 6.

18 Braudel, *A History of Civilizations*, 9.

19 Braudel, *A History of Civilizations*, 15.

20 Braudel, *A History of Civilizations*, 18.

하며, 그것의 편견을 확고히 만들고, 그것의 행위를 지시하는 것, 이 모두가 문명이라는 사실의 대체적 양상이다." 더욱이, "문명은 사건들이나 한 시대의 역사적이고 사회적인 상황들보다 훨씬 많이 머나먼 과거로부터, 거의 무의식적인 과거의 신앙들과 공포와 불안들—이것 전체는 엄청난 혼합물이고 그 개개의 요소들이 시작된 기원들은 기억에서 사라졌지만—로부터 유래한다".[21] 요약하면, 브로델은 집단적 무의식이 문명의 본질적 특징을 이룬다고 주장하고 있다.

푸찰라는 대체적으로 이와 같은 입장을 다음과 같이 요약해 주고 있다.

> 대부분의 분석들은 [...] 문명이 도시 거주를 중심으로 하면서 경제적 자원과 노동 분업에 기초한 인간 사회의 특정한 양식들이라는 데 동의한다. 그리고 여기서 경제적 자원과 노동 분업은 (1) 도시 거주를 실현 가능하고 지속 가능하게 만들며 (2) 엘리트들을 그날그날의 생계를 유지해야 하는 불가피함으로부터 해방시킴으로써 지적이고 예술적으로 창조적인 활동을 위한 맥락들을 확립한다.

게다가 "문명들은 확인 가능한 장소에서 번성해 왔으며, 일반적으로 지리학적 중심을 지녔을 뿐만 아니라 대개 식별 가능한 문화적 경계들을 포함했다는 점에서 공간 속에서 존재하는 것이다". 문명들은 "또한 시간 속에서 존재하는데, 여기서의 시간이란 대개 확장된 시

---

21 Braudel, *A History of Civilizations*, 22.

간이 된다".[22] 푸찰라는 의미심장하게 다음과 같이 주장한다. "문명들은 정치적 실체가 아니다." 오히려 "그것들은 자신 내부에 정치적 조직체들을 갖는데, 이 조직체들은 문명 안의 문화들을 외부의 침입으로부터 보호하고, 이것들을 — 동기와 기회가 만나게 되면 — 밖으로 투사하는 데 기여한다".[23] 보다 최근에, 피터 카젠스타인(Peter Katzenstein)은 이와 유사하게 문명들이란 통일되고 통합된 정치적 행위자가 아니라고 강력히 주장한 바 있다.[24]

매슈 멜코(Matthew Melko)는 더 앞선 시기에, 슈펭글러, 토인비 그리고 소로킨의 도식들이 상당히 의문스러운 대상이었다고 다음과 같이 언급한 바 있다. "수천 마일과 수천 년에 걸쳐 있는 이들 문명들이 정말로 의미 있는 내적인 연관성을 갖는가? 우리는 문명들이 마치 역사적 인격체인 것처럼 묘사하고자 시도해야 하는가?" 그는 이 질문들에 대한 대답이 "압도적으로 부정적"이었는데, 이는 대체로는 — "슈펭글러와 토인비의 문명들이 허구적 창조물이었던 까닭에 — 문명들의 행태가 그토록 아름답게 그려질 수 있었기" 때문이었다고 쓴다. 이렇듯 멜코는 "체계 구축가들"과 이들의 "독단적인 시대 구분"을 거부하면서도, 다음과 같이 주장한다. "그래도 기본적인 개념들은 유효했다. 문명들은 의미 있는 내적 연관성들을 지니고 있으며, 특징적으로 묘사될 수 있고 서로 구별될 수 있다."[25]

---

22 Puchala, "International Encounters of Another Kind", 8.

23 Puchala, "International Encounters of Another Kind", 12-13.

24 Peter Katzenstein, "A World of Plural and Pluralist Civilizations", in *Civilizations in World Politics*, ed. P. J. Katzenstein (London and New York: Routledge, 2010), 1-40.

25 Matthew Melko, *The Nature of Civilizations* (Boston: Porter Sargent, 1969), 1-2.

모든 문명 분석가들이 토인비, 슈펭글러, 브로델 그리고 위에서 소개한 다른 이들이 다소간 공유하는 견해들에 동의하는 것은 아니다. 데이비드 윌킨슨(David Wilkinson)은 토인비에 대한 대안적인 독해에 부분적으로 영감을 받아, "문명들을 네트워크로서" 지칭한다. 보다 구체적으로 그의 설명에 따르면, "문명은 일종의 사회로서, 특정한 본성과 패턴을 갖는 관계들의 네트워크이다. 그리고 공존하는 문명들을 서로 이어주는 외적 관계의 네트워크는 어떤 하나의 문명의 참여자들 사이에 성립하는 내적 관계들의 네트워크보다 상당한 정도로 빈약하다". 본질적으로 보아, "이렇게 파악된 문명들은 풍부하고, 복합적이며 다층적으로 구조화된 네트워크이다".[26]

엘리아스는 이 주제에 대해 다소 다르게 접근한 또 하나의 인물인데, 그는 위에서 서술된 문명들보다는 상당한 정도의 기간 동안에 특정한 사람들에게서 일어나는 문명화 과정에 더욱 관심을 기울인다. 그 본질에서 보면, 『문명화 과정』은 중세 후기로부터 20세기까지의 유럽에서 일어난 개인적 교양의 세련화, 사회적 진보 그리고 정치적 발전의 패턴과 과정들에 대한 아주 상세한 설명이다. 제1권인 『예절의 역사』는 주로 폭력의 억압에서부터 성적 행위를 거쳐 식사 예법에까지 이르는 — 궁정 엘리트가 그 지도적 역할을 담당한 — 사회적 관습의 변화를 다루고 있다. 제2권인 『국가 형성과 문명』은 유럽에서의 국가 형성 과정에 초점을 맞추어, 이런 과정이 수행한 역할을 유럽의 진화하는 국가들에서의 철저히 근대적인 시민들의 발전이라는

---

26 David Wilkinson, "Civilizations as Networks: Trade, War, Diplomacy, and Command-Control", *Complexity* 8, no. 1 (2003), 82-3.

맥락 속에서 서술하고 있다.[27] 문명들 대신에 문명화 과정을 연구하는 엘리아스의 프로그램은 스테판 멘넬(Stephen Mennell)에 의해 미국으로 확장되었고, 다른 한편 이와 동일한 원칙들이 또한 링클레이터에 의해 전 세계적 수준에 적용되었다.[28]

문명의 연구

푸찰라는 문명을 주제로 삼은 중요한 연구 작업들의 다수가 명백히 1950년대와 1960년대에 이루어졌으며, 이러한 사실이 문명 연구를 "다소 오래된" 것으로 보이게 한다고 주장한다. 더욱 오래된 것으로는 "이 분야의 고전"으로 지칭되는 지암바티스타 비코(Giambatista Vico)의 1725년 저작 『신과학』(*La Scienza Nuova*)이 있는데, 이 책에서 비코는 문명이 세 가지의 구별되는 시대 또는 단계들을 통해 주기적으로 반복되는 방식으로 발전한다고 서술한다.[29] 또 하나의 고전은 토인비의 『역사의 연구』인데, 여기서 그는 자신이 세계의 주요 문명들이라고 여기는 것들의 기원 및 그 발흥과 몰락을 추적한다. 토인비

---

27 Nobert Elias, *The Civilizing Process*, trans. Edmund Jephcott, revised edition (Oxford: Basil Blackwell, 2000).

28 Stephen Mennell, *The American Civilizing Process* (Cambridge: Polity, 2007); Andrew Linklater, "Global Civilizing Processes and Ambiguities of Human Interconnectedness", *European Journal of International Relations* 16, no. 2 (2010), 155-78; Andrew Linklater, *The Problem of Harm in World Politics: Theoretical Investigations* (Cambridge: Cambridge University Press, 2011).

29 Puchala, "International Encounters of Another Kind", 8.

는 우선 "이미 몰락해 사라진 사회들의 여러 가지의 화석화된 증거들과 함께, 오늘날까지 현존하는 다섯 개의 그런 사회들"을 구별하여 명시한다.[30] 오늘날에도 살아 있고 건재하다고 여겨지는 다섯 문명들은 서양 기독교 문명, 동방 정교회 문명, 이슬람 문명, 힌두 문명, 극동 문명이다. 그는 이 안에서 다시 다음과 같이 19개의 구별되는 사회 또는 문명들을 찾아낸다. "즉 서양 문명, 동방정교회 문명, 이란 문명, 아랍 문명(여기서 마지막의 두 가지는 현재 이슬람 문명에 통합되어 있다), 힌두 문명, 극동 문명, 그리스 문명, 시리아 문명, 인도 문명, 중화 문명, 미노스 문명, 수메르 문명, 히타이트 문명, 바빌로니아 문명, 이집트 문명, 안데스 문명, 멕시코 문명, 유카텍 문명, 마야 문명이 있다." 그러나 토인비는 "동방 정교회 문명을 비잔틴 정교회와 러시아 정교회 문명으로 그리고 극동 문명을 중국 문명과 한국-일본 문명으로 나누는 것이 아마도 바람직할 것"이라고 덧붙이면서 문명들의 수를 21개로 끌어올린다.[31]

토인비 식의 역사 도식에 대한 주된 비판들 중 하나는 그가 지리적이고 시간적으로 문명들을 구분하는 방식에 대한 것이었다. 그리고 문명들을 분석의 핵심 단위로 사용한다는 구상은 반대 주장들에 부딪혀 많은 지지를 받지 못했다. 예컨대, 윌킨슨이 지적하듯이, 캐럴 퀴글리(Carroll Quigley)는 16개의 상이한 문명들을 구별하였고, 이 중 오직 두 문명만 지속적으로 생존하고 있는데, 이들은 서양 문

30 Arnold J. Toynbee, *A Study of History, abridged by D. C. Somervell* (Oxford: Oxford University Press, 1946), 11.

31 Toynbee, *A Study of History*, 34.

명과 동방 정교회 문명이며 아마도 일본 문명이 추가될 수 있을 것이다. 필립 백비(Philip Bagby)는 광대한 분량의 목록을 제시하면서 뚜렷이 특징적인 문명들과 부차적이고 종속적이며 주변적인 문명들을 구분하였는데, 이들 중 단지 서양 문명과 세 개의 주변적 문명들, 즉 동방 문명, 중국 문명, 인도 문명만이 존속한다. 러시턴 쿨본(Rushton Coulborn)은 이와 마찬가지로 회복력을 지닌 다섯 개의 살아 있는 문명들, 즉 중국 문명, 인도 문명, 이슬람 문명, 비잔틴 문명 그리고 서양 문명을 열거했다.[32] 헌팅턴은 나중에 일곱 또는 여덟 개의 현존하는 문명들, 즉 중화 문명, 일본 문명, 힌두 문명, 이슬람 문명, 동방 정교회 문명, 서양 문명, 라틴 아메리카 문명 그리고 추가적으로 아프리카 문명까지도 가능한 것으로서 구분하여 제시했다.[33]

자신의 문명 연구에 대해 토인비 스스로 명시하고 있는 두 가지 가능한 반론들은 첫째, 논의되고 있는 문명들이 거의 공통점을 지니지 않아서 대체로 비교가 불가능하다는 것이고, 둘째, 21개의 뚜렷이 구별되는 문명들이 있는 것이 아니라, 오직 하나의, 즉 서양 문명만이 현존한다는 것이다. 첫 번째의 가능한 비판에 대해서, 토인비는 21개의 문명들은 "이해 가능한 연구 분야들"로서 하나의 유(類) 아래의

32 David, Wilkinson, "Global Civilization - Yesterday, Today and Tommorow", in *World Civilizations and the History of Human Development*. eds. R. Holton and W. R. Nasson (Paris: UNESCO, 2010), 168. Carroll Quigley, *The Evolution of Civilizations: An Introduction to Historical Analysis* (New York: The Macmillan Company, 1961); Philip Bagby, *Culture and History: Prolegomena to the Comparative Study of Civilizations* (Berkeley, CA: University of California Press, 1959); Rushton Coulborn, *The Origin of Civilized Societies* (Princeton, NJ: Princeton University Press, 1959) 참조.

33 Huntington, *The Clash of Civilizations*, 45-6.

동일한 종이며, "이것들만이 문명의 과정 속에 있다는 점에서 하나의 특정한 성격을 공유한다"고 주장한다.[34] 나아가 그는 다음과 같이 지적한다.

> 어떤 문명들이 역사의 새벽으로 거슬러 올라간다는 것은 당연하다. 왜냐하면 우리가 역사라고 부르는 것은 "문명화된" 사회 속에서의 인간의 역사이기 때문이다. 그러나 우리가 역사라는 말로 지구 위에 있었던 인간의 삶의 전 기간을 의미한다면, 우리는 문명 산출의 시기가 인간 역사와 결코 일치하지 않으며, 단지 이 전체 역사의 2퍼센트에, 즉 인류의 생애 전체의 50분의 1에 해당할 뿐이라는 것을 발견할 수밖에 없다.

사정이 이러하기에, "우리의 문명들은" 비교 연구라는 "우리의 목적상 서로 충분히 동시대적인 것으로 인정될 수 있을 것이다".[35]

두 번째의 가능한 비판은 "문명의 통합"에 관한 것인데, 이것은 "서양 문명이 경제 시스템의 망을 세계 전체에 걸쳐 펼쳐 놓았으며", 이런 "경제적 통합"은 "마찬가지로 멀리 뻗쳐 있는 동일한 기반 위에서의 정치적 통합"을 동반하고, 따라서 우리는 "현대 세계의 모든 국가들이 서양적 기원을 갖는 하나의 유일한 정치 시스템의 부분을 형성한다"고 결론지을 수 있다는 생각에 기초한다. 토인비는 문명의 통합이라는 테제가 "오직 하나의 문명이라는 강, 즉 우리의 [서양] 문명

---

34 Toynbee, *A Study of History*, 35.

35 Toynbee, *A Study of History*, 42.

이 존재하고 모든 다른 것들은 지류에 불과하거나, 아니면 어딘가 사막의 모래 속에서 상실된 것이라는 가정"에 기초하는 오해라고 주장한다. 이 오해는 결국 세 가지 환상에 기초하는데, 이것들은 "자기중심적인 환상, '변화하지 않는 동양'이라는 환상 그리고 문명을 직선적으로 나아가는 운동으로 보는 환상이다". 자기중심적인 환상은 서양인들뿐만 아니라 많은 사람들이 저지르고 있는 죄악이다. 변화하지 않는 동양이라는 환상은 진지한 연구에서도 근거도 없이 명백히 널리 퍼진 환상이어서, 그것의 원인을 찾는 일이 전혀 커다란 관심거리가 되지도 중요성을 지닐 수도 없다. 끝으로, 직선적인 진보의 환상은 역사의 시대 구분을 마치 "대나무의 구획처럼 하나의 끝에서 다른 끝으로 이어지는 일련의 단계들"의 구분으로 보는 것처럼, 모든 종류의 사태들을 지나치게 단순화하는 인간의 경향의 한 예이다.[36]

이상과 같은 것은 많은 사상가들이 계몽주의와 — 서양에서의 — 그것의 지적 후예들에 대한 논의들에서 취했던 비판(과 유추)이기도 하다. 예컨대, 그레이는 "이성적이고 보편적인 문명이라는 — 문화적 차이를 정치적으로 하찮은 것으로 만들었던 — 핵심적인 계몽주의 기획은 계몽주의 역사철학에 모든 면에 있어서 영향을 끼친다"고 주장한다. 더욱이, "구별되는 문화적 정체성들은 그것들을 구성하는 역사와 함께 — 그 운명이 보편적 인류라는 거대한 바다로 저항할 수 없이 흘러가는 것인 — 물줄기와 같은 것이었다".[37]

---

36 Toynbee, *A Study of History*, 36-8.

37 John Grey, *Enlightenment's Wake: Politics and Culture at the Close of the Modern Age* (London and New York: Routledge, 2007), 187-8.

문명을 분석 단위로 활용하는 것에 대한 보다 최근의 관심사는 문명들이 어떤 사람들이 믿는 바와 같은 그런 통일되고 통합적인 행위자가 아니라는 반론이다. 오히려 대부분의 문명들을 어느 정도의 다양성을 지니는, 내적으로 다원론적인 것으로 생각하는 편이 좀 더 도움이 된다는 것이다.[38] 그러나 그것들의 내적 다양성에도 불구하고, 위에서 정의된 바의 문명들은 적절히 비교 연구의 대상이 될 수 있었는데, 그것은 문명이라는 관념 자체가 공통의 문화적 동일성, 공유된 역사를 지닌 크고 복합적인 사회·정치적 집합체를 나타내는 것으로 널리 받아들여지고 있기 때문이다. '문명의 비교 연구를 위한 국제 학회'(International Society for Comparative Study of Civilizations)에 관여했던 학자들 중 다수가 그들 자신의 작업에서 강조했듯이, 어떤 문명이라도 공유된 가치와 명시될 수 있는 특성들로 인해 문명으로 인정받는다는 사실은 그 문명에 대한 일반적인 설명을 제시하는 것이 가능하다는 것을 의미한다.[39] 더욱이, 푸찰라는 다음과 같이 역설한다.

> 충분히 발전된 문명들에는 문어, 문자 그리고 문학, 예술과 건축의 양식들, 철학 체계, 도덕적 규칙들 그리고 신성한 텍스트들에서 주장되고 공식적 신학들에서 정교해진 종교가 있다. 문명들에는 또한 작가, 예술가, 건축가, 철학자, 법률가와 신학자들이 있다. 그것들에는

---

38 Katzenstein, "A World of Plural and Pluralist Civilizations".

39 예를 들자면, Melko, *The Nature of Civilizations*; *Benjamin Nelson*, *On the Roads to Modernity*: *Conscience*, *Science*, *and Civilizations*, ed. T. E. Huff (Lanham, MD: Lexington Books, 2012).

학교, 대학, 경기장, 극장, 미술관, 박물관과 도서관이 있다. 문명들에는 그 자신의 역사가들에 의해 쓰인 역사가 있다.[40]

문명의 관계들

위에서 언급했듯이, 문명들의 관계라는 문제에 대해 최근에 가장 의미 있는 기여를 한 것은 헌팅턴의 도발적이고 영향력 있는 "문명의 충돌" 테제이다. 이 충돌 테제의 근저에 놓인 것은 상이한 문명들 또는 문화적 집단들이 대체로 양립 불가능한 가치들과 신념 체계로 여겨지는 것에 의해 지탱되는 상당히 상이한 생활 방식들을 가지고 있다는 가정이다. 헌팅턴의 테제가 발표되었을 때, 그것은 다양한 입장과 관점들로부터의 많은 관심, 논쟁 그리고 비판을 불러일으켰다.[41] 이 테제는 그것이 일화와 같은 증거에 기초한다거나 무엇보다도 세계의 현실적 사태를 잘못 반영하고 있다는 이유를 포함하여, 다양한 이유들에 입각하여 일축되기도 했다.[42] 게다가 진정한 충돌은 문명들

---

40 Puchala, "International Encounters of Another Kind", 10.

41 Samuel P. Huntington, et al., *The Clash of Civilizations? The Debate*, second edition (New York: Foreign Affairs, 2010).

42 Jacinta O'Hagan, "Civilisational Conflict? Looking for Cultural Enemies", *Third World Quarterly* 16, no. 1 (1993), 19-38; John Gray, "Global Utopias and Clashing Civilizations: Misunderstanding the Present", *International Affairs* 74, no. 1, 149-64; William Connolly, "The New Civilizational Superiority", *Theory & Event* 2, no. 4 (1999); Michael J. Schapiro, "Samuel Huntington's Moral Geography", *Theory & Event* 2, no. 4 (1994); Edward Said, "The Clash of Ignorance", *The Nation* 273, no. 12 (October 22, 2001), 11-14; Amartya Sen, *Identity and Violence: The Illusion of Destiny*

내에서 진행된다는 주장도 제기되었다.[43] 어떤 이들은 과거의 전쟁들 및 탈냉전기 이후의 분쟁들을 분류하고 양적으로 계산함으로써 이런 주장을 증명하려고 시도하기도 했는데, 그 결론은 문명들 내의 충돌이 문명들 간의 충돌보다 많지는 않지만 그래도 후자만큼 흔하다는 것이었다.[44] 이런 연구들은 우리에게 충돌과 갈등들이 발생했는지 그렇지 않았는지를 알려 준다는 점에서 중요하긴 하지만, 그렇다고 해서 그것들이 반드시 그런 충돌들이 왜 일어났는가에 대해서 알려 주는 것은 아니다. 그것은 근본적으로 상이하고 양립 불가능한 생활 방식 때문일 것인가? 아니면 개인들, 사회들, 국가들 그리고 문명들이 때때로 충돌하는 무수히 많은 다른 이유들 때문인가?

냉전의 종식 이후 문명의 충돌 테제에 새로이 활기를 불어넣은 헌팅턴에 앞서, 캐나다의 학자이자 외교관인 동시에 정치 지도자였던 레스터 피어슨은 이미 다음과 같이 경고한 바 있다.

> 우리는 지금 상이한 문명들이 평화로운 교류 속에서 서로로부터 배우고 서로의 역사, 이상들, 예술 그리고 문화를 연구하며, 서로의 삶

(New York: W. W. Norton, 2006).

43 Dieter Senghaas, *The Clash within Civilizations: Coming to Terms with Cultural Conflicts* (London and New York: Routledge, 2002).

44 Jonathan Fox, "Ethnic Minorities and Clash of Civilizations: A Quantitative Analysis of Huntington's Thesis", *British Journal of Political Science* 32, no. 3 (2002), 415-34; Andrej Tusicisny, "Civilizational Conflicts: More Frequent, Longer, and Bloodier?", *Journal of Peace Research* 41, no. 4 (2004), 485-98; Errol A. Henderson, "Not Letting Evidence Get in the Way of Assumptions: Testing the Clash of Civilizations Thesis with More Recent Data", *International Politics* 42, no. 4 (2005), 458-69.

> 을 상호적으로 풍부하게 하면서 더불어 살아가는 법을 배워야 하는 시대로 진입하고 있다. 이것이 아니라면 가게 될 다른 길은, 사람들로 붐비는 이 작은 세계에서, 오해, 긴장, 충돌 그리고 파국이 될 것이다.[45]

소련의 씁쓸한 붕괴와 이전의 유고슬라비아에서 벌어진 훨씬 격렬한 분열에 이르게 된 냉전의 종식과 함께, 국제 정치의 미래에 대한 헌팅턴의 설명은 평화로운 교류와 서로의 삶을 풍부하게 만드는 일보다는 상호적인 충돌과 파국이 시대에 맞는 적절한 진단일 것이라는 제안을 하려는 강력한 시도였다.

충돌하는 문명에 대한 추측은 유엔이 2001년을 '문명 간 대화의 해'로 선언하게 된 것의 직접적인 원인이며, 이 선언은 2005년에 시작되어 지금도 계속되는 '유엔문명연대'(United Nations Alliance of Civilization) 계획으로 발전했다. 이와 유사한 문제의식에서, 통일 독일의 초대 대통령인 로만 헤어초크(Roman Herzog)는 헌팅턴의 테제와 그 영향력을 진지하게 수용하여, 랍비 조나단 작스(Jonathan Sachs)가 했던 것처럼, 그러한 충돌을 방지할 수 있을 전략을 고안하는 일에 힘을 기울였다.[46] 우리가 문명의 충돌 테제에, 또는 더 나아가 분

45 Lester B. Pearson, *Democracy in World Politics* (Princeton, NJ: Princeton University Press, 1955), 83-4.

46 United Nations, "Alliance of Civilizations: Report of the High-level Group", November 13, 2006; Roman Herzog, *Preventing the Clash of Civilizations: A Peace Strategy for the Twenty-First Century* (Basingstoke: Palgrave; New York: St. Martin's Press, 1999); Jonathan Sachs, *The Dignity of Difference: How to Avoid the Clash of Civilizations* (London and New York: Continuum, 2003).

석의 단위로서 문명들이 갖는 이점에 동의하든 그렇지 않든 간에, 가치들의 중요성에 초점을 맞춘 사람은 헌팅턴만이 아니다. 백비는 이미 앞서서 "관념들과 가치들"이야말로 "문화적 현상들 중에 가장 포괄적인 것이다. [...] 그것들은 가장 많은 수의 개별적인 문화적 특성의 양상들을 포함한다. 그리고 [...] 우리의 문명들을 통합하고 구별하는 데 기여하는 것이야말로 바로 이 관념들과 가치들이다."라고 지적했다.[47] 이와 유사하게, 보즈먼은 다음과 같이 쓴 바 있다. "모든 인간 사회에서 생각이 행동에 앞선다고 가정될 수 있기 때문에, 나는 연구와 분석이 정신적이고 도덕적인 신념들에 — 이것들이 종교적이든, 철학적이든, 또는 이데올로기적이든 간에 — 초점을 맞추어야 한다는 결론을 내렸다. 즉 각 사회 내에서의 기본적 가치와 규범들에 그리고 외부 세계에 대한 시간을 초월하는 지각들에 초점을 맞추어야 하는 것이다."[48] 푸찰라 또한 다음과 같은 의견을 내놓고 있다. "문화적 내용에서의 차이들이야말로 문명에서의 가장 중요한 차이들이다. 문명들이 합쳐진다고 할 때, 결속되고 있는 것은 이 문명들 각각이 지닌 문화의 산물들, 제도들, 관념들, 상징들, 신화들과 의례들이며 또한 이것들의 의미들이다."[49]

흔히 소란스러운 시대로 표현되는 시기에 문명의 충돌이라는 것이 끼치는 영향력이나 호소력에도 불구하고, 브로델은 역사를 거시적으로 바라보면서 다음과 같이 주장한다. "문명의 역사란 사실상 많

47 Bagby, *Culture and History*, 191.

48 Bozeman, *Politics & Culture in International History*, 6.

49 Puchala, "International Encounter of Another Kind", 10.

은 세기에 걸쳐 벌어지는 지속적인 상호적 차용의 역사인데, 그럼에도 불구하고 각 문명은 또한 그 자체의 독창적인 성격을 유지해 온 것이다."[50] 푸찰라 역시 이런 입장에 동의하는 것으로 보이는데, 그에 따르면 "문명 상호간의 만남에서 빚어지는 가장 흔한 결과는 문화 상호간의 차용이며, 이것은 결국 차용하는 쪽 문명의 문화를 풍부하게 하거나 혼합적 복합체를 낳는다". 그는 "그런 결과에 이르는 주된 이유는 상이한 성숙도를 지닌 문명들 간의 만남이 대개 그 경향에서 보아 가장 빈번히 발생하는 경우라는 사실에 있다"고 주장한다. 문명을 분석의 단위로 사용하는 것을 별로 편하게 생각하지 않는 이들에게 있어, 이런 만남이라는 것은 엘리아스라면 문명화 과정의 상이한 단계에 있는 사람들 또는 사회들 사이의 만남이라고 표현했을 것에 해당한다. 푸찰라는 계속해서 "역사적으로, 가장 중대한 문명 간의 만남은 제국적인 활동으로부터 결과했다"고 주장한다. 나아가 그는 관련된 제국들의 역할이 "문명들의 운명과 커다란 연관성을 가졌다"고 주장하기도 한다. 그래서 그에 따르면, 이런 사태는 "단지 '국가를' 문명 상호간의 관계로 '환원시키는' 또 다른 방식이 아니다". 오히려 "그것이 제시하는 바는 오직 특정한 국가들만이 그리고 상당히 적은 수의 국가들만이 그것들과 연관된 문명들을 보호하고 전파시킴으로써 인간 문화에 영향을 끼치거나 또는 이것에 실패했다는 것이다".[51]

이런 식의 논리가 반드시 문명 간의 또는 커다란 문화적 집단들 간의 폭력적 충돌을 배제하고 있는 것은 아니다. 왜냐하면 전쟁이야

50 Braudel, *A History of Civilizations*, 8.

51 Puchala, "International Encounter of Another Kind", 26-8.

말로, 특히 정복 전쟁이야말로 관념들과 기술들이 집단에서 집단으로 퍼져가는 한 방식이기 때문이다. 역사가인 윌리엄 맥닐(William H. McNeil)은 그런 교류가 발생하는 다른 방식들을 제시하기도 했다. 그는 『서양의 발흥』(*The Rise of the West*)에서 "구별되는 문명들을 세계사의 주된 행위자로 취급함으로써 토인비와 그의 선행자들을 따랐고, 하나의 문명 내에서 그리고 또한 문명들 간의 경계를 넘어서 한곳으로부터 다른 곳으로 농작물, 관념들, 기술들과 질병들을 전파시키는 수송과 연결에서의 간헐적 변화들을 강조하고자 했다".[52] 이와 유사하게 다른 사람들도 어떻게 동양으로부터의, 특히 중국과 이슬람 세계로부터의 "자원 요소들"(관념들, 제도들, 기술들)의 전이가 이른바 "암흑기" 이후 유럽의 발흥에서 중요한 요소였는지를 제시하고자 했다.[53]

나중에 맥닐과 그의 아들 로버트(Robert)는 더 나아가 『인간의 망』(*Human Web*)에서 "인간이 유아기 초기부터 우리의 의식을 지배하고 모든 수준에서의 집단 행위를 조정하는 의사소통의 망에 얽혀 들어가 있음"을 제시하였다. 게다가 이들은 다음과 같이 주장하기도 했다.

> 의사소통은 언어뿐만 아니라 몸짓에 의해서도 이루어질 수 있다. 그

52 William H. McNeil, "Leaving Western Civilization Behind", *Liberal Education* Summer/Fall (2011), 44; William H. McNeil, *The Rise of the West: A History of the Human Community* (Chicago: University of Chicago Press, 1992).

53 Nelson, *On the Roads to Modernity*; John M. Hobson, *The Eastern Origins of Western Civilization* (Cambridge: Cambridge University Press, 2004).

> 리고 모든 인간 집단은 이웃들을 지니며 이들과 적어도 가끔이라도 마주치기 때문에, 비록 지리적 장벽이 수 세기 동안 또는 수천 년 동안 바다라는 장애물을 가로지르는 사소한 접촉까지 가로막았을지라도 인간의 의사소통의 망은 어제나 인류 전체를 포괄해 왔다.

이들은 더 나아가 다음과 같은 사실을 지적한다. "다윈이 갈라파고스에서 발견한 핀치새와는 달리, 인간이라는 종은 지구 전체로 퍼짐으로써 유전자의 접촉과 혼합이 결코 오랫동안 중단되지 않았음을 증명하고 나서도 여전히 하나의 종으로 남았다." 계속된 연구에서 맥닐은 다음과 같이 명시한다.

> 상이한 수준에서 현존하는 다수의 망들이 존재했다. 각 지역의 마을이건, 사냥 집단이건, 구분된 직업적 하위 집단들을 포괄하는 개별 도시이건 간에 각자는 그 자신의 특수한 망을 지니고 있었다. 그리하여 보다 가늘고 먼 거리까지 미치는 망들은 도시들의 무리를 통합하여 문명들로 구조화했고, 문명들은 유라시안 코스모폴리스와 아메리칸 코스모폴리스를 형성했다. 그리고 마침내 이것들은 100년 이후 하나의 단일하고 매우 팽팽해진 코스모폴리탄적인 망으로 융합되었던 것이다.[54]

---

54 McNeil, "Leaving Western Civilization Behind", 47; J. R. McNeil and William H. McNeil, *The Human Web: A Bird's Eye View of World History* (New York: W. W. Norton & Company, 2003).

결론

우리가 "문명의 충돌"의, 특히 서양 세계와 이슬람 세계 간의 충돌의 한가운데에 있느냐 아니냐에 대한 열띤 추측이 벌어지는 중에, 문명들의 본성과 이것들 사이의 관계의 양상에 대한 일반적 호기심이 광범하고도 점증적으로 퍼지고 있다. 학계를 넘어서, 최근에 BBC는 상호작용적 웹 툴(Web tool)인 '문명'(Civilizations)을 출범시키고, 이를 사용자에게 "어떤 책도 제공해 줄 수 없었던 방식으로 5000년에 걸치는 위대한 제국과 사상들의 발흥과 몰락을 탐구하게 하는 인간 역사의 다차원적 영상"이라고 묘사했다. 컴퓨터 게임인 '시드 마이어의 문명 5'(Sid Meier's Civilizations V)는 — 이것은 정복, 협력 그리고 공존을 포괄하는 턴제(turn-based) 전략 게임으로서 본래 소련이 붕괴한 해에 처음으로 출시되었던 시리즈물인데 — 역대의 가장 인기 있고 영향력 있는 게임 중의 하나가 되었으며, 이를 통해 이 세계의 상이한 문명들의 역사와 상호작용에 대한 관심의 수준을 크게 확장시켰다.[55]

상호작용의 망들과 평화로운 교류 및 호혜적인 교역에도 불구하고, 역사가 보여 주듯이, 문화적 차이를 지니는 커다란 집단들은 때때로 충돌해 왔다. 그렇지만, 이것이 근본적인 문화적 차이 및 양립 불가능한 가치들과 생활 방식들 때문인지는 그다지 명확지 않다. 왜 경쟁하는 집단들이 폭력적인 충돌에 이르게 되는지에 대한 많은 이유

55 Claudio Fogu, "Digitalizing Historical Consciousness", *History and Theory* 47, no. 2 (2009), 103-21.

들이 있다. 몇 가지만 예로 들자면 자원을 위한 경쟁, 발흥하는 강력한 이웃에 대한 공포 등이다. 긴장과 충돌들이, 또한 특히 이것들의 뿌리 깊은 원인들이 무시될 수는 없지만, 충돌과 대결에 대한 집착은 많은 문명들 또는 사회-문화적 집단들이 공유하는 것을 도외시하게 만들, 그리고 이와 더불어 수 세기에 걸친 이주와 혼융, 평화로운 협력, 문화적 차용 및 사상들의 교류를 도외시하게 만들 위험이 있다.[56] 사이드가 『오리엔탈리즘』의 출간 25주년을 기념하는 판의 서론에서 지적했듯이, "우리는 지어낸 것에 불과한 문명의 충돌이라는 현상보다, 서로 겹치고, 서로 차용하며 그 어떤 축약되거나 불확실한 이해가 허용할 수 있는 것보다도 훨씬 흥미로운 방식으로 공존하는 문화들이 함께 천천히 작동하는 모습에 집중할 필요가 있다".[57]

---

56 다음을 참조하시오. Adolf Reichwein, *China and Europe: Intellectual and Artistic Contact in the Eighteenth Century* (London: Kegan Paul, Trench, Trubner & Co., 1925); Lewis A. Maverick, *China: A Model for Europe* (San Antonio, TX: Paul Anderson Co, 1946); Stanwood Cobb, *Islamic Contribution to Civilisation* (Washington DC: Avalon Press, 1963); Cyriac K. Pullapilly and Edwin J. Van Kley (eds.), *Asia and the West: Encounters and Exchanges from the Age of Explorations* (Notre Dame, IN: Cross Cultural Publications, 1986); J. J. Clarke, *Oriental Enlightenment: Encounter Between Asian and Western Thought* (London: Routledge, 1997); John M. Hobson, "Reconstructing International Relations Through World History; Oriental Globalization and the Global-Dialogue Conception of Inter-Civilization Relations", *International Politics* 44, no. 4 (2007), 414-30; Anthony Black, *The West and Islam: Religion and Political Thought in World History* (Oxford: Oxford University Press, 2008); Takashi Shogimen and Cary J. Nederman (eds.), *Western Political Thought in Dialogue with Asia* (Lanham, MD: Lexington Books, 2008); Michális S. Michael and Fabio Petitio (eds.), *Civilizational Dialogue and World Order: The Other Politics of Culture, Religions, and Civilizations in International Relations* (New York: Palgrave Macmillan, 2009).

57 Edward Said, "Preface", in *Orientalism* (London: Penguin, 2003), xxii.

❁ 참고문헌

Ahmed, Nafeez Mosaddeq. 2010. *A User's Guide to the Crisis of Civilization: And How to Save It*. London: Pluto Press.

Allen, Carleton Kemp. 1930. *Law in the Making*. Second edition. Oxford: Clarendon Press.

Anonymous. "Enlightenment at Boot Camp Leads to Discharge". Committee Opposed to Militarism and the Draft. 〈www.comdsd.org/article_archive/EnlightenmentBootCamp1-07.htm〉.

Arendt, Hannah. 1958. *The Origins of Totalitarianism*. London: George Allen & Unwin.

Arendt, Hannah. 2005. "Mankind and Terror". In *Essays in Understanding, 1930-1954*. Ed. Jerome Kohn, 297-306. New York: Schocken Books.

Arlt, Herbert and Donald G. Daviau. Eds. 2009. *Culture, Civilization and Human Society*. Two volumes. Paris: UNESCO.

Aronsfeld, Caesar C. 1985. *The Text of the Holocaust: A Study of the Nazis' Extermination Propaganda, 1919-1945*. Marblehead, MA: Micah Publications.

Bagby, Philip. 1959. *Culture and History: Prolegomena to the Comparative Study of Civilizations*. Berkeley, CA: University of California Press.

Barkawi, Tarak. 2004. "Peoples, Homelands, and Wars? Ethnicity, the Military, and Battle among British Imperial Forces in the War against Japan". *Comparative Studies in Society and History* 46, no. 1, 134-63.

Barnett, Michael N. 1997. "Bringing in the New World Order: Liberalism, Legitimacy, and the United Nations". *World Politics* 49, no. 4, 526-51.

Bellamy, Alex J. Ed. 2008. *War: Critical Concepts in Political Science*. Four volumes. London and New York: Routledge.

Benjamin, Walter. 1969. *Illuminations*. Ed. Hannah Arendt. New York: Schocken Books.

Bentham, Jeremy. 1939. *Plan for an Universal and Perpetual Peace*. London: Peace Book Co.

Benveniste, Emile. 1971. "Civilization: A Contribution to the History of the Word". In *Problems in General Linguistics*. Trans. Mary Elizabeth Meek, 289-96. Coral Gables, FL:

University of Miami Press.

Berlin, Isaiah. 1996. "Kant as an Unfamiliar Source of Nationalism". In Isaiah Berlin, *The Sense of Reality: Studies in Ideas and Their History*. Ed. Henry Hardy, 232-48. London: Chatto & Windus.

Berreby, David. 2008. *US & Them: The Science of Identity*. Chicago and London: University of Chicago Press.

Black Elk. 1988. *Black Elk Speaks: Being the Life Story of a Holy Man of the Oglala Sioux*. As told through John G. Neihardt (Flaming Rainbow). Lincoln: University of Nebraska Press.

Black, Antony. 2008. *The West and Islam: Religion and Political Thought in World History*. Oxford: Oxford University Press.

Booth, Ken. 1997. "Discussion: A Reply to Wallace". *Review of International Studies* 23, no. 3, 371-7.

Boswell, James. 1951. *Boswell's Column: Being his Seventy Contributions to The London Magazine under the pseudonym The Hypochondriack from 1777 to 1783 here First Printed in Book Form in England*. Introduction and notes, Margery Bailey. London: William Kimber.

Boutros-Ghali, Boutros. 1992. *Agenda for Peace*. New York: United Nations.

Bowden, Brett. 2004a. "In the Name of Progress and Peace: The 'Standard of Civilization' and the Universalizing Project". *Alternatives: Global, Local, Political* 29, no. 1, 43-68.

Bowden, Brett. 2004b. "The Ideal of Civilisation: Its Origins and Socio-Political Character". *Critical Review of International Social and Political Philosophy* 7, no. 1, 25-50.

Bowden, Brett. 2005. "The Colonial Origins of International Law: European Expansion and the Classical Standard of Civilisation". *Journal of the History of International Law/ Revue d'histoire du droit international* 7, no. 1, 1-23.

Bowden, Brett. 2009a. *The Empire of Civilization: The Evolution of an Imperial Idea*. Chicago and London: University of Chicago Press.

Bowden, Brett. Ed. 2009b. *Civilization: Critical Concepts in Political Science*. Four volumes. London and New York: Routledge.

Bowden, Brett. 2013. "'Poisons Disguised with Honey': European Expansion and the Sacred Trust of Civilization". *The European Legacy* 18, no. 2, 151-69.

Bozeman, Adda B. 2010. *Politics & Culture in International History: From the Ancient Near East to the Opening of the Modern Age*. Second edition. New Brunswick, NJ: Transaction Publishers.

Braudel, Fernand. 1993. *A History of Civilizations*. Trans. R. Mayne. New York: Allen Lane/ Penguin.

Broch, Tom and Johan Galtung. 1966. "Belligerence among the Primitives: A Re-analysis of Quincy Wright's Data". *Journal of Peace Research* 3, no. 1, 33-45.

Brown, Dee. 1970. *Bury My Heart at Wounded Knee*. New York, Chicago, and San Francisco: Holt, Rinehart & Winston.

Brown, Michael E., Sean M. Lynn-Jones and Steven E. Miller. Eds. 1996. *Debating the Democratic Peace: An International Security Reader*. Cambridge, MA and London: MIT Press.

Brzezinski, Zbigniew. 1995. *Out of Control: Global Turmoil on the Eve of the 21st Century*. New York: Touchstone.

Buchan, Bruce. 2002. "Explaining War and Peace: Kant and Liberal IR Theory". *Alternatives: Global, Local, Political* 27, no. 4, 407-28.

Bull, Hedley. 1966. "The Grotian Conception of International Society". In *Diplomatic Investigations*. Eds. Herbert Butterfield and Martin Wight, 51-73. London: George Allen & Unwin.

Bull, Hedley. 1984. "The Emergence of a Universal International Society". In *The Expansion of International Society*. Eds. Hedley Bull and Adam Watson, 117-26. Oxford: Clarendon Press.

Bull, Hedley. 1995. T*he Anarchical Society: A Study of Order in World Politics*. Second edition. London: Macmillan.

Bull, Hedley and Adam Watson. 1984. "Introduction". In *The Expansion of International Society*. Eds. Hedley Bull and Adam Watson, 1-9. Oxford: Clarendon Press.

Burton, John W. 1996. "Civilizations in Crisis: From Adversarial to Problem Solving Process". *International Journal Peace Studies* 1, no. 1.

Bury, J. B. 1960. *The Idea of Progress: An Inquiry into its Origin and Growth*. New York: Dover Publications.

Bush, George W. 2001. "Address to a Joint Session of Congress and the American People". September 20, 2001.

Bush, George W. 2005. "President Addresses Nation, Discusses Iraq, War on Terror". June 28, 2005.

Carr, E. H. 1954. *The Twenty Years' Crisis, 1919-1939*. Second edition. London: Macmillan.

Cederman, Lars-Erik. 2001. "Back to Kant: Reinterpreting the Democratic Peace as a Macrohistorical Learning Process". *American Political Science Review* 95, no. 1, 15-31.

Cicovacki, Predrag. 2007. "Reverence for Life: A Moral Value or the Moral Value?". *LYCEUM* 9, no. 1, 1-10.

Clarke, J. J. 1997. *Oriental Enlightenment: The Encounter Between Asian and Western Thought*.

London: Routledge.

Clausewitz, Carl Von. 1989. *On War*. Eds. and trans. Michael Howard and Pater Paret. Princeton, NJ: Princeton University Press.

Cobb, Stanwood. 1963. *Islamic Contributions to Civilisation*. Washington DC. Avalon Press.

Colby, Eldridge. 1927. "How to Fight Savage Tribes". *American Journal of International Law* 21, no. 2, 279-88.

Commission on Global Governance. 1995. *Our Global Neighborhood*. New York: Oxford University Press.

Condorcet, Antoine-Nicolas de. 1955. *Sketch for a Historical Picture of the Progress of the Human Mind*. Trans. June Barraclough. London: Weidenfeld and Nicolson.

Connolly, William. 1999. "The New Cult of Civilizational Superiority". *Theory & Event* 2, no. 4.

Coulborn, Rushton. 1959. *The Origin of Civilized Societies*. Princeton, NJ: Princeton University Press.

Davies, Sir John. 1664. *Historical Relations: or, A Discovery of the True Causes Why Ireland Was Never Entirely Subdued Nor Brought under Obedience of the Crown of England until the Beginning of the Reign of King James of Happy Memory*. Dublin: Samuel Dancer.

Declaration Renouncing the Use, in Time of War, of Explosive Projectiles Under 400 Grammes Weight. St. Petersburg, November 29/December 11 1868.

Denvir, John. 2004. "Bush's Savage War". *Picturing Justice: The On-Line Journal of Law and Popular Culture*. January 9. http://usf.usfca.edu/pj//savage_denvir.htm.

Deutsch, Karl W. 1965. "Quincy Wright's Contribution to the Study of War: A Preface to the Second Edition". In Quincy Wright, *A Study of War*. Second edition. Chicago and London: University of Chicago Press, xi-xix.

Dillon, Michael and Julian Reid. 2009. *The Liberal Way of War: Killing to Make Life Live*. London and New York: Routledge.

Dower, John W. 1986. *War Without Mercy: Race & Power in the Pacific War*. New York: Pantheon.

Doyle, Michael W. 1983a. "Kant, Liberal Legacies, and Foreign Affairs, Part 1". *Philosophy and Public Affairs* 12, no. 3, 205-35.

Doyle, Michael W. 1983b. "Kant, Liberal Legacies, and Foreign Affairs, Part 2". *Philosophy and Public Affairs* 12, no. 4, 323-53.

Doyle, Michael W. 1986. "Liberalism and World Politics". *American Political Science Review* 80, no. 4, 1151-69.

Durkheim, Emile and Marcel Mauss. 1971. "Note on the Notion of Civilization". *Social Research* 38, no. 4, 808-13.

Eckhardt, William. 1975. "Primitive Militarism". *Journal of Peace Research* 12, no. 1, 55-62.

Eckhardt, William. 1990. "Civilization, Empires, and Wars". *Journal of Peace Research* 27, no. 1, 9-24.

Eckhardt, William. 1991. "War-related Deaths Since 3000 BC". *Bulletin of Peace Proposals* 22, no. 4, 437-43.

Eckhardt, William. 1992. *Civilizations, Empires and Wars: A Quantitative History of War*. Jefferson, NC and London: McFarland & Company.

Elias, Norbert. 1988. "Violence and Civilization: The State Monopoly of Physical Violence and its Infringement". In *Civil Society and the State: New European Perspectives*. Ed. John Keane, 177-98. London: Verso.

Elias, Norbert. 2000. *The Civilizing Process*. Trans. Edmund Jephcott. Revised edition. Oxford: Basil Blackwell.

Euben, Roxanne L. 1999. *Enemy in the Mirror: Islamic Fundamentalism and the Limits of Modern Rationalism: A Work of Comparative Political Theory*. Princeton, NJ: Princeton University Press.

Evans, Gareth. 1993. *Cooperating for Peace*. St. Leonards, NSW: Unwin and Hyman.

Fabian, Johannes. 1983. *Time and the Other: How Anthropology Makes its Object*. New York: Columbia University Press.

Fagan, Brian. 2004. *The Long Summer: How Climate Changed Civilization*. London: Granta.

Fagan, Brian. 2008. *The Great Warming: Climate Change and the Rise and Fall of Civilizations*. New York: Bloomsbury.

Febvre, Lucien. 1973. "*Civilization*: Evolution of a Word and a Group of Ideas". In *A New Kind of History: From the Writings of Febvre*. Ed. P. Burke, trans. K. Folca, 219-57. London: Routledge & Kegan Paul.

Fiske, Susan T., Lasana T. Harris and Amy J. C. Cuddy. 2004. "Why Ordinary People Torture Enemy Prisoners". *Science* 306 (November), 1482-3.

Fogu, Claudio. 2009. "Digitalizing Historical Consciousness". *History and Theory* 47, no. 2, 103-21.

Fox, Jonathan. 2002. "Ethnic Minorities and the Clash of Civilizations: A Quantitative Analysis of Huntington's Thesis". *British Journal of Political Science* 32, no. 3, 415-34.

Freedom House. 1999. *Democracy's Century: A Survey of Global Political Change in the 20th Century*. New York: Freedom House.

Freud, Sigmund. 1975. *Civilization and its Discontents*. Trans. Joan Riviere. London: The Hogarth Press and the Institute for Psycho-Analysis.

Fukuyama, Francis. 1999. "Second Thoughts: The Last Man in a Bottle". *The National Interest* 56 (Summer), 16-33.

Fuller, J. F. C. 1923. *The Reformation of War*. London: Hutchinson & Co.

Galor, Oded and Omer Moav. 2005. "Natural Selection and the Evolution of Life Expectancy". Minerva Center for Economic Growth Paper no. 02-05. http://ssrn.com/abstract=563741.

Gat, Azar. 2006. *War in Human Civilization*. Oxford: Oxford University Press.

Gibbon, Edward. 1963. *The Decline and Fall of the Roman Empire*. Abridged by D. M. Low. Harmondsworth: Penguin Books with Chatto & Windus.

Goldhagen, Daniel Jonah. 1997. *Hitler's Willing Executioners: Ordinary Germans and the Holocaust*. New York: Vintage.

Goldstone, Jack A. 2002. "States, Terrorists, and the Clash of Civilizations". In *Understanding September 11*. Eds. Craig J. Calhoun, Paul Price and Ashley Timmer, 139-58. New York: The New Press.

Gong, Gerrit W. 1984. *The Standard of "Civilization" in International Society*. Oxford: Clarendon Press.

Gourevitch, Philip. 1998. *We Wish to Inform you that Tomorrow we will be Killed with our Families: Stories from Rwanda*. New York: Picador.

Gray, John. 1995. *Enlightenment's Wake: Politics and Culture at the Close of the Modern Age*. London and New York: Routledge.

Gray, John. 1998. "Global Utopias and Clashing Civilizations: Misunderstanding the Present". *International Affairs* 74, no. 1, 149-64.

Gray, John. 1998. *False Dawn: The Delusions of Global Capitalism*. London: Granta.

Great Britain War Office. 1914. *Manual of Military Law*. London: HMSCO.

Guillaine, Jean and Jean Zammit. 2005. *The Origins of War: Violence in Prehistory*. Trans. Melanie Hersey. Malden, MA: Wiley-Blackwell.

Guizot, François. 1997. *The History of Civilization in Europe*. Trans. William Hazlitt. Harmondsworth: Penguin.

Hanson, Victor Davis. 2002. *Why the West has Won: Carnage and Culture from Salamis to Vietnam*. London: Faber and Faber.

Hartle, Anthony E. 2002. "Atrocities in War: Dirty Hands and Noncombatants". *Social Research* 69, no. 4, 963-79.

Hegel, G. W. F. 1975. *Aesthetics: Lectures on Fine Art*. Trans. T. M. Knox. Two volumes. Oxford: Clarendon Press.

Henderson, Errol A. 2005. "Not Letting Evidence Get in the Way of Assumptions: Testing the Clash of Civilizations Thesis with More Recent Data". *International Politics* 42, no. 4, 458-69.

Herf, Jeffrey. 2006. *The Jewish Enemy: Nazi Propaganda during World War II and the Holocaust*. Cambridge, MA: Belknap Press.

Herzog, Roman. 1999. *Preventing the Clash of Civilizations: A Peace Strategy for the Twenty-First Century*. Ed. Henrik Schmiegelow. Basingstoke: Palgrave and New York: St. Martin's Press.

Hobbes, Thomas. 1985. *Leviathan*. Ed. C. B. Macpherson. Harmondsworth: Penguin.

Hobsbawm, Eric. 1994. "Barbarism: A User's Guide". *New Left Review* 206, 44-54.

Hobson, John M. 2004. *The Eastern Origins of Western Civilisation*. Cambridge: Cambridge University Press.

Hobson, John M. 2007. "Reconstructing International Relations Through World History: Oriental Globalization and the Global-Dialogic Conception of Inter-Civilizational Relations". *International Politics* 44, no. 4, 414-30.

Holton, Robert and William R. Nasson. Eds. 2009. *World Civilizations and the History of Human Development*. Paris: UNESCO.

Homer-Dixon, Thomas F. 1991. "On the Threshold: Environmental Changes as Causes of Acute Conflict". *International Security* 16, no. 2, 76-116.

Homer-Dixon, Thomas F. 1994. "Environmental Scarcities and Violent Conflict: Evidence from Cases". *International Security* 19, no. 1, 5-40.

Homer-Dixon, Thomas F. 2001. *Environment, Scarcity, and Violence*. Princeton, NJ: Princeton University Press.

Howard, Michael. 1994. "Constraints on Warfare". In *The Laws of War: Constraints on Warfare in the Western World*. Eds. Michael Howard, George J. Andreopolous and Mark R. Shulman, 1-11. New Haven, CT: Yale University Press.

Howard, Michael. 2000. *The Invention of Peace: Reflections on War and International Order*. London: Profile Books.

Huntington, Samuel P. 1993a. "The Clash of Civilisations?". *Foreign Affairs* 72, no. 3, 22-49.

Huntington, Samuel P. 1993b. "If Not Civilizations, What? Samuel Huntington Responds to His Critics". *Foreign Affairs* 72, no. 5, 186-94.

Huntington, Samuel P. 1998. *The Clash of Civilisations and the Remaking of World Order*. London: Touchstone Books.

Huntington, Samuel P., et al. 2010. *The Clash of Civilizations? The Debate*. Second edition. New York: Foreign Affairs.

Johnson, James Turner. 1997. *The Holy War Idea in Western and Islamic Traditions*. University Park, IPA: Pennsylvania State University Press.

Kacowicz, Arie M. 1995. "Explaining Zones of Peace: Democracies as Satisfied Powers?". *Journal of Peace Research* 32, no. 5, 265–76.

Kant, Immanuel. 1963a. "Idea for a Universal History from a Cosmopolitan Point of View". in *Kant On History*. Ed. Lewis White Beck, 11-26. Indianapolis: Bobbs-Merrill.

Kant, Immanuel. 1963b. "Perpetual Peace", in *Kant On History*. Ed. Lewis White Beck, 85-135. Indianapolis: Bobbs-Merrill.

Kant, Immanuel. 1963c. "An Old Question Raised Again: Is the Human Race Constantly Progressing?". In *Kant On History*. Ed. Lewis White Beck, 137-54. Indianapolis: Bobbs-Merrill.

Kaplan, Robert D. 1993. *Balkan Ghosts: A Journey through History*. London: Macmillan.

Kaplan, Robert D. 1994. "The Coming Anarchy". *Atlantic Monthly* (February), 44-76.

Katzenstein, Peter J. 2010. "A World of Plural and Pluralist Civilizations". In *Civilizations in World Politics*. Ed. P. J. Katzenstein, 1-40. London and New York: Routledge.

Keane, John. 1996. *Reflections on Violence*. London: Verso.

Keegan, Sir John. 2001a. "Why the West will Win". *The Age* (Melbourne, Aust.), October 9.

Keegan, Sir John. 2001b. Interviewed on *Foreign Correspondent*, Australian Broadcasting Corporation, October 10. ⟨http://www.abc.net.au/foreign/stories/s387060.htm⟩.

Keeley, Lawrence H. 1996. *War before Civilization: The Myth of the Peaceful Savage*. New York: Oxford University Press.

Keen, David. 2006. "War Without End? Magic, Propaganda and the Hidden Functions of Counter-terror". *Journal of International Development* 18, no. 1,87-104.

Keen, Sam. 1988. *Faces of the Enemy: Reflections of the Hostile Imagination*. New York: Harper & Row.

Kelsay, John and James Turner Johnson. Eds. 1991. *Just War and Jihad: Historical and Theoretical Perspectives on War and Peace in Western and Islamic Traditions*. New York: Greenwood Press.

Kinsell, Kevin G. 1992. "Changes in Life Expectancy 1900-1990". *American Journal of Clinical Nutrition* 55, 1196S-1202S.

Kipling, Rudyard. 2007. *A Book of Words: For My Friends Known and Unknown: Selections from Speeches and Addresses Delivered Between 1906 and 1927*. Rockville, MD: Wildside Press.

Lawrence, Bruce. Ed. 2005. *Messages to the World: The Statements of Osama bin Laden*. Trans. James Howarth. London: Verso.

Lehmann-Haupt, Christopher. 1996. "Even in Eden, it Seems, War was Hell". *New York Times*, July 18.

Lenin, V. I. 1930. "The Peace Question". In *Collected Works/The Imperialist War: The Struggle Against Social Chauvinism and Social Pacifism*. Ed. Alexander Trachtenberg, trans. Moissaye J. Olcin. New York: International Publishers Co.

Levi, Primo. 1989. *The Drowned and the Saved*. Trans. Raymond Rosenthal. New York: Vintage International.

Levy, Jack S. 1998. "Domestic Politics and War". *Journal of Interdisciplinary History* 18, no. 4, 653-73.

Lewis, Bernard. 1993. *Islam and the West*. New York: Oxford University Press.

Lewis, Bernard. 2003. *What Went Wrong? The Clash Between Islam and Modernity in the Middle East*. New York: Harper Perennial.

Lindbergh, Charles A. 1970. *The Wartime Journals of Charles A. Lindbergh*. New York: Harcourt Brace Jovanovich.

Linklater, Andrew. 2010. "Global Civilizing Processes and the Ambiguities of Human Interconnectedness". *European Journal of International Relations* 16, no. 2, 155-78.

Linklater, Andrew. 2011. *The Problem of Harm in World Politics: Theoretical Investigations*. Cambridge: Cambridge University Press.

Lipson, Leslie. 1964. *The Democratic Civilization*. New York: Oxford University Press.

Lomasky, Loren E. 1991. "The Political Significance of Terrorism". In *Violence, Terrorism, and Justice*. Eds. R. G. Frey and Christopher W. Morris, 86-115. Cambridge: Cambridge University Press.

Lorenz, Konrad. 1966. *On Aggression*. New York: MJF Books.

MacDougall, Robert. 1999. "Red, Brown and Yellow Perils: Images of the American Enemy in the 1940s and 1950s". *Journal of Popular Culture* 32, no. 4, 59-75.

Macklin, Ruth. 1977. "Moral Progress". *Ethics* 87, no. 4, 370-82.

Maddison, Angus. 2006. *The World Economy*, vol. 1: *A Millennial Perspective*, vol. 2: *Historical Statistics*. Paris: OECD Publishing.

Marrett, R. R. 1920. *Psychology and Folklore*. London: Methuen & Co.

Maverick, Lewis A. 1946. *China:A Model for Europe*. San Antonio, TX: Paul Anderson Co.

McNeill, J. R. and William H. McNeill. 2003. *The Human Web:A Bird's-Eye View of World History*. New York: W. W. Norton.

McNeill, William H. 1992. *The Rise of the West:A History of the Human Community*. Chicago: University of Chicago Press.

McNeill, William H. 2011. "Leaving Western Civilization Behind". *Liberal Education* Summer/ Fall, 40-7.

Meistrich, Ira. 2005. "War's Cradle: The Birthplace of Civilization is also the Home of Culture's Nemesis". *MHQ:The Quarterly Journal of Military History* 17, no. 3, 84-93.

Melko, Matthew. 1969. *The Nature of Civilizations*. Boston: Porter Sargent.

Melvern, Linda. 2006. *Conspiracy to Murder:The Rwandan Genocide*. London and New York: Verso.

Mennell, Stephen. 2007. *The American Civilizing Process*. Cambridge: Polity.

Michael, Michális S. and Fabio Petito. Eds. 2009. *Civilizational Dialogue and World Order: The Other Politics of Cultures, Religions, and Civilizations in International Relations*. New York: Palgrave Macmillan.

Mill, John Stuart. 1962. "Civilization". In *Essays on Politics and Culture*. Ed. Gertrude Himmelfarb, 51-84. Garden City, NY: Doubleday & Company.

Mir, Hamid. 2001. "Osama Claims he has Nukes: If US uses N-arms it will Get Same Response". *Dawn: The Internet Edition*. November 10. http://archives.dawn.com/2001/11/10/top1.htm.

Montesquieu. 1949. *The Spirit of the Laws*. Trans. Thomas Nugent. New York: Hafner Publishing Company.

Moravcsik, Andrew. 1997. "Taking Preferences Seriously: A Liberal Theory of International Politics". *International Organization* 51, no. 4, 513-33.

Morgenthau, Hans J. 1967. *Politics among Nations:The Struggle for Power and Peace*. Fourth edition. New York: Alfred A. Knopf.

Mosseau, Michael. 2000. "Market Prosperity, Democratic Consolidation, and Democratic Peace". *Journal of Conflict Resolution* 44, no. 4, 472-507.

Mozaffari, Mehdi. 2001. "The Transformationalist Perspective and the Rise of a Global Standard of Civilization". *International Relations of the Asia Pacific* 1, no. 2, 247-64.

Muldoon, James. 1975. "The Indian as Irishman". *Essex Institute Historical Collections* 111, 267-89.

Nelson, Benjamin. 2012. *On the Roads to Modernity: Conscience, Science, and Civilizations*. Ed.

Toby E. Huff. Lanham, MD: Lexington Books.

Nisbet, Robert. 1980. *History of the Idea of Progress*. London: Heinemann.

Nussbaum, Martha C. 1997. "Kant and Stoic Cosmopolitanism". *Journal of Political Philosophy* 5, no. 1, 1-25.

O'Hagan, Jacinta. 1995. "Civilisational Conflict? Looking for Cultural Enemies". *Third World Quarterly* 16, no. 1, 19-38.

Offe, Clause. 1996. "Modern 'Barbarity': A Micro State of Nature". *Constellations* 2, no. 3, 354-77.

Orend, Brian. 2008. "War". *The Stanford Encyclopedia of Philosophy*. Ed. Edward N. Zalta. http://plato.stanford.edu/archives/fall.2008/ entries/War/.

Pagden, Anthony. 1988. "The 'Defence of Civilization' in Eighteenth-century Social Theory". *History of the Human Sciences* 1, no. 1, 33-45.

Pagden, Anthony. 2000. "Stoicism, Cosmopolitanism, and the Legacy of European Imperialism". *Constellations* 7, no. 1, 3-22.

Pearson, Lester B. 1955. *Democracy in World Politics*. New Jersey: Princeton University Press.

Phillips, Robert. 1990. "Terrorism: Historical Roots and Moral Justifications". In *Terrorism, Protest and Power*. Eds. Martin Warner and Roger Crisp. Aldershot: Edward Elgar Publishing.

Poirot, Clifford S. Jr. 1997. "The Return to Barbarism". *Journal of Economic Issues* 31, no. 1, 233-44.

Primoratz, Igor. 1990. "What is Terrorism?". *Journal of Applied Philosophy* 7, no. 2, 129-38.

Puchala, Donald. 1997. "International Encounters of Another Kind". *Global Society* 11, no. 1, 5-29.

Pullapilly, Cyriac K. and Edwin J. Van Kley. Eds. 1986. *Asia and the West: Encounters and Exchanges from the Age of Explorations*. Notre Dame, IN: Cross Cultural Publications.

Quigley, Carroll. 1961. *The Evolution of Civilizations: An Introduction to Historical Analysis*. New York: Macmillan.

Rawls, John. 1999. *The Law of Peoples*. Cambridge, MA: Harvard University Press.

Reichwein, Adolf. 1925. *China and Europe: Intellectual and Artistic Contacts in the Eighteenth Century*. London: Kegan Paul, Trench, Trubner & Co.

Ricardo, David. 1891. *Principles of Political Economy and Taxation*. Ed. E. C. K. Gonner. London: George Bell and Sons.

Rice, Condoleezza. 2005. "The Promise of Democratic Peace: Why Promoting Freedom is the Only Realistic Path to Security". *Washington Post*, December 11: B07.

Roberts, J. M. 1985. *Triumph of the West.* London: British Broadcasting Corporation.

Robertson, William. 1812. *The History of America.* Four volumes. Twelfth edition. London: Cadell and Davies.

Robin, Corey. 2004. *Fear: The History of a Political Idea.* New York: Oxford University Press.

Rogin, Michael Paul. 1987. *Ronald Reagan, the Movie: and Other Episodes in Political Demonology.* Berkeley, CA: University of California Press.

Rousseau, Jean-Jacques. 1968. *The Social Contract.* Trans. Maurice Cranston. Harmondsworth: Penguin.

Rousseau, Jean-Jacques. 1991. "Abstract and Judgement of Saint-Pierre's Project for Perpetual Peace". In *Rousseau on International Relations.* Eds. Stanley Hoffman and David P. Fidler, 53-100. Oxford: Clarendon Press.

Rousseau, Jean-Jacques. 1997. "Discourse on the Origin and the Foundations of Inequality among Men". In *The Discourses and Other Early Political Writings.* Ed. and trans. Victor Gourevitch, 111-231. Cambridge: Cambridge University Press.

Rummel, R. J. 1994. *Death by Government.* New Bruswick, NJ: Transaction Publishers.

Russell, Edmund P. III. 1996. "'Speaking of Annihilation': Mobilizing for War against Human and Insect Enemies, 1914-1945". *Journal of American History* 82, no. 4, 1505-29.

Russell, Edmund. 2001. *War and Nature: Fighting Humans and Insects with Chemicals from World War 1 to Silent Spring.* Cambridge: Cambridge University Press.

Russett, Bruce, John R. Oneal and David R. Davis. 1998. "The Third Leg of the Kantian Tripod for Peace: International Organizations and Militarized Disputes, 1950-85". *International Organization* 52, no. 3, 441-67.

Russett, Bruce. 1990. *Controlling the Sword: The Democratic Governance of National Security.* Cambridge, MA: Harvard University Press.

Russett, Bruce. 1993. *Grasping the Democratic Peace.* Princeton, NJ: Princeton University Press.

Sachs, Jonathan. 2003. *The Dignity of Difference: How to Avoid the Clash of Civilizations.* London and New York: Continuum.

Said, Edward. 2001. "The Clash of Ignorance". *The Nation* 273, no. 12 (October 22), 11-14.

Said, Edward. 2003. *Orientalism.* London: Penguin.

Saikal, Amin. 2003. *Islam and the West: Conflict or Cooperation?* Basingstoke: Palgrave Macmillan.

Schapiro, J. Salwyn. 1963. *Condorcet and the Rise of a Liberalism.* New York: Octagon Books.

Schapiro, Michael J. 1999. "Samuel Huntington's Moral Geography". *Theory & Event* 2, no. 4.

Schiller, Friedrich von. 1972. "The Nature and Value of Universal History: An Inaugural Lecture [1789]". *History and Theory* 11, no. 3, 321-34.

Schmid, Alex P. and Albert J. Longman. 2005. *Political Terrorism: A Research Guide to Concepts, Theories, Data Bases and Literature*. New Brunswick, NJ: Transaction Publishers.

Schweitzer, Albert. 1947. *The Decay and the Restoration of Civilization: The Philosophy of Civilization. Part I*. Trans. C. T. Campion. Second edition. London: A. & C. Black Ltd.

Schweitzer, Albert. 1967. *Civilization and Ethics*. Trans. C. T. Campion. London: Unwin Books.

Scruton, Roger. 2002. *The West and the Rest: Globalization and the Terrorist Threat*. London and New York: Continuum.

Sen, Amartya. 1999. "Democracy as Universal Value". *Journal of Democracy* 10, no. 3, 3-17.

Sen, Amartya. 2006. *Identity and Violence: The Illusion of Destiny*. New York: W. W. Norton.

Senghaas, Dieter. 2002. *The Clash within Civilizations: Coming to Terms with Cultural Conflicts*. London and New York: Routledge.

Shivakumar, Sujai J. 2005. "Towards a Democratic Civilization for the 21st century". *Journal of Economic Behavior & Organization* 57, no. 2, 199-204.

Shogimen, Takashi and Cary J. Nederman. Eds. 2008. *Western Political Thought in Dialogue with Asia*. Lanham, MD: Lexington Books.

Simpsons, The. 1994. "Sweet Seymour Skinner's Baadasssss". *The Simpsons*. Gracie Films and 20th Century Fox Television. Airdate April 28.

Smith, Adam. 1869. *The Wealth of Nations*. London: T. Nelson and Sons.

Smith, David Livingston. 2007. *The Most Dangerous Animal: Human Nature and the Origins of War*. New York: St Martin's Press.

Smith, Sgt. Martin, USMC, Ret. 2007. "Learning to be a Lean, Mean Killing Machine", *Counterpunch*, February 20. ⟨www.counterpunch.org/smith02202007.html⟩.

Snow, Alpheus Henry. 1921. *The Question of Aborigines in the Law and Practice of Nations*. New York: G. P. Putnam's Sons; The Knickerbocker Press.

Sorokin, Pitrim A. 2002. *The Ways and Power of Love: Types, Factors, and Techniques of Moral Transformation*. West Conshohocken, PA: Templeton Foundation Press.

Spengler, Oswald. 1967. "Is World Peace Possible?". In *Selected Essays*. Trans. Donald O.

White, 205-7. Chicago: Henry Regnery Company.

Spengler, Oswald. 2006. "The Fraud of Primitive Authenticity". *Asia Times Online*, July 4. ⟨www.atimes.com⟩.

Starobinski, Jean. 1993. "The Word Civilization". In *Blessings in Disguise; or The Morality of Evil*. Trans. Arthur Goldhammer, 1-35. Cambridge, MA: Harvard University Press.

Sunstein, Cass R. 2009. *Going to Extremes: How Like Minds Unite and Divide*. New York: Oxford University Press.

Toynbee, Arnold J. 1934-1961. *A Study of History*. Twelve volumes. London: Oxford University Press.

Toynbee, Arnold J. 1946. *A Study of History*. Abridged D. C. Somervell. Oxford: Oxford University Press.

Toynbee, Arnold J. 1951. *War and Civilization*. Selected by A. V. Fowler from *A Study of History*. London: Oxford University Press.

Toynbee, Arnold J. and Daisaku Ikeda. 2007. *Choose Life: A Dialogue*. New York: I. B. Tauris.

Tucker, David. 1998. "Fighting Barbarians". *Parameters* 28, no. 2, 69-79.

Turney-High, Harry Holbert. 1971. *Primitive War: Its Practice and Concepts*. Second edition. Columbia, SC: University of South Carolina Press.

Tusicisny, Andrej. 2004. "Civilizational Conflicts: More Frequent, Longer, and Bloodier?". *Journal of Peace Research* 41, no. 4, 485-98.

United Nations. 2005. *World Urbanization Prospects: The 2005 Revision*. New York: United Nations Department of Economic and Social Affairs, Population Division.

United Nations. 2006. "Alliance of Civilizations: Report of the High-level Group". November 13.

Wade, Nicholas. 2006. *Before the Dawn: Recovering the Lost History of Our Ancestors*. New York: Penguin.

Walker, Thomas C. 2000. "The Forgotten Prophet: Tom Paine's Cosmopolitanism and International Relations". *International Studies Quarterly* 44, no. 1, 51-72.

Walzer, Michael. 2000. *Just and Unjust Wars*. Third edition. New York: Basic Books.

Ward, Robert. 1963. *An Enquiry into the Foundation and History of the Law of Nations in Europe from the Time of the Greeks and Romans to the Age of Grotius*. Two volumes. New York and London: Garland Publishing Inc.

Wellman, Carl. 1979. "On Terrorism. Itself". *Journal of Value Inquiry* 13, no. 4, 250-8.

Westing, Arthur H. 1982. "War as a Human Endeavor: The High-Fatality Wars of the

Twentieth Century". *Journal of Peace Research* 19, no. 3, 261-70.

Wheeler, Everett L. 1991. "Terrorism and Military Theory: An Historical Perspective". *Terrorism and Political Violence* 3, no. 1, 6-33.

Wight, Martin. 1966. "Western Values in International Relations". In *Diplomatic Investigations*. Eds. Herbert Butterfield and Martin Wight, 89-131. London: George Allen & UnWin.

Wiktorowicz, Quintan and John Kaltner. 2003. "Killing in the Name of Islam: Al-Qaeda's Justification for September 11". *Middle East Policy* X, no. 2, 76-92.

Wiktorowicz, Quintan. 2005. "A Genealogy of Radical Islam". *Studies in Conflict & Terrorism* 28, no. 2, 75-97.

Wilkinson, David. 2003. "Civilizations as Networks: Trade, War, Diplomacy, and Command-Control". *Complexity* 8, no. 1, 82-6.

Wilkinson, David. 2010. "Global Civilization - Yesterday, Today and Tomorrow". In *World Civilizations and the History of Human Development*. Eds. Robert Holton and William R. Nasson, 166-90. Paris: UNESCO.

Wilkinson, Paul. 1974. *Political Terrorism*. New York and Toronto: John Wiley & Sons.

Williams, Raymond. 1983. *Keywords*. New York: Oxford University Press.

Woodward, Bob. 2004. *Plan of Attack*. New York: Simon & Schuster.

Wright, Quincy. 1926. "The Bombardment of Damascus". *American Journal of International Law* 20, no. 2, 263-80.

Wright, Quincy. 1965. *A Study of War*. Second edition. Chicago and London: University of Chicago Press.

Young Joseph, Chief of the Nez Percés. 1879. "An Indian's View of Indian Affairs". *North American Review* 269 (April), 412-34.

❁ 찾아보기

[ㅈ]

[ㅋ]

[ㅌ]

[ㅍ]

브렛 보든(Brett Bowden)

웨스턴 시드니 대학교(University of Western Sydney)의 역사 및 정치학 담당 교수이다. 호주국립대학교에서 박사학위를 취득한 후, 동 대학 및 뉴 사우스 웨일스 대학교에서 가르쳤으며, 영국 런던의 웨스트민스터 대학교와 독일 빌레펠트 대학교의 방문교수를 역임하였다. 저서로 『정치사상에서 보편사의 기이한 지속』(*The Strange Persistence of Universal History in Political Thought*, Palgrave Macmillan, 2017), 『문명의 제국: 제국 이념의 진화』(*The Empire of Civilization*: *The Evolution of an Imperial Idea*, University of Chicago Press, 2009) 등이 있으며, 문명과 전쟁, 제국주의, 민족주의, 세계화, 국제법, 국제정치 등에 관한 다수의 논문을 발표하였다.

박배형(Park, Bai Hyoung)

서울대학교 경제학과와 같은 대학교 미학과 대학원을 졸업하고, 독일 빌레펠트 대학교에서 철학박사학위를 받았다. 미학과 정치철학, 형이상학 및 인식론의 주제들에 대해 연구하고 있으며, 현재 서울대학교 인문학연구원 HK연구교수로 재직 중이다. 주요 논문으로 「인식능력들의 자유로운 유희: 칸트 미학의 한 문제」, 「영원한 평화 그리고 제국주의」, 「세계시민주의에 대한 헤겔의 입장과 타자성」, 「헤겔의 실천철학에서 국가의 목적에 관하여: 시민사회와의 연관성을 중심으로」, 「칸트의 인식론적 이원론에 대한 헤겔의 비판」 등이 있으며, 저서로는 『헤겔 미학 개요』, 『헤겔과 시민사회』(주해서), 역서로는 『칸트 미학: 〈판단력 비판〉의 주요 개념들과 문제들』, 『문학이론 입문』(공역)이 있다.

❁ 문명총서 발간사

서울대학교 인문학연구원은 2007년 11월 한국연구재단의 인문한국(HK) 사업을 수탁하여 HK문명연구사업단을 출범시켰다. 한국과 아시아, 세계를 향한 문명연구의 허브를 구축하기 위해 '한국 인문학'의 정립을 목표로 인문학 제 분야는 물론 인근 분야의 전공자들까지 한 지붕 아래 모였다.

인문학연구원이 한국 인문학의 도약을 위해 핵심 과제로 주목한 것은 문명에 대한 새로운 이해이다. 문명이란 장구한 세월 동안 인류가 일구어 낸 정신적·물질적 성과들의 종합이며, 타 문명들과 서로 영향을 주고받으며 진화해온 복합적 실체이다. 이에 대한 심층적인 이해가 선행되지 않는다면, 현재와 미래에 대한 유효적절한 준비와 대응은 불가능하다.

'문명텍스트총서'는 인문학 안팎의 다양한 전공을 가진 우리 연구원의 연구자들이 자신의 영역에서, 과거와 현재 문명의 정수와 그에 대한 인식을 담은 중요한 텍스트를 선정하여 번역하고 주해한 결과물이다. 이는 긴 시간의 노동을 요하면서도 성취가 단기간에 가시화되지 않는 우직한 자업이지만, 인류의 유산을 한국화하는 이 같은 작업이 주체적으로 세계문명을 사유하고 새로운 문명을 개척하는 데 발판이 되리라고 믿는다. 문명텍스트총서가 현재와 과거를 엮는 씨줄 놓기 작업이라면, 문명공동연구총서는 인간과 세계를 총체적으로 이해하려는 날줄 엮기라고 할 수 있다. 오랫동안 자신의 분야에서 전문화를 추구했기에 공동연구가 쉬운 일은 아니지만, 문명 이해의 융합적 시각뿐만 아니라 한국 인문학의 새로운 전망을 써 내려가는 방법론을 제시할 수 있기를 희망한 결과물이다. 또한 문명지평총서는 연구원 안팎의 연구자들이 참여한 연구서와 교양서를 아우르고 있다.

아무쪼록 문명총서 시리즈가 동서고금의 문명을 더 깊고 더 넓게 이해하는 창발의 효과를 가져오길 기대하며, 국내외의 학자들이 참여하고 교류하는 열린 연구공간이 되길 바란다.

2014년 4월

서울대학교 인문학연구원 원장